U0331016

大夏书系·语文之道

# 经典文本解读
# 与教学密码

刘祥 – 著

华东师范大学出版社

ECNUP

全国百佳图书出版单位

# 自序　向经典举杯

## 一

　　那些熠熠闪光的名字，注定早已化作头顶上的灿烂星辰；那些穿越了岁月尘埃的文字，却依旧在时光的长河中，酝酿着源自先秦、经由汉魏、裹挟着唐风宋韵的甘甜。那些盛开在风骚词赋以及晨昏更迭的缝隙间的文学奇葩，自从陪伴着曾点在沂水中沐浴、随同曹操在碣石山高歌、与陶渊明一起远眺过南山、随李太白共同梦游过天姥之后，早已幻化为无影无形却又无处不在的微风，在每一个晨曦初绽的清晨，或是每一个夕阳斜照的傍晚，抑或是每一个繁星满天的深夜，轻轻拂过书桌、拂过鬓角、拂过河山，融入大千世界，成为养分，成为花朵，成为热血。它们，浸染出张中丞的一腔忠诚，奏响着辛弃疾的铁马金戈。它们的每一个花瓣上，都镌刻着一份道义的担当和历史的使命。它们的花香，飘过凄神寒骨的小石潭，划过万顷茫然的赤壁水，越过奇伟瑰怪的褒禅山，穿过气象万千的岳阳楼，一头扑入泻出于两峰之间的酿泉中，从此，不但醉了那个自号醉翁的滁州太守，而且醉了三千年的文化，以及三千年的秋月春风。

　　这便是文学，这便是至今仍让我们沉醉痴迷的心灵绝响。这里的每一个字，都抒写着一个虔诚的信念；这里的每一句话，都支撑起一颗不朽的灵魂。白日里吟哦它，便是和先贤圣哲倾心交谈；静夜里亲近它，便是听崇高精神孤独吟唱。它的声音，时而是清风徐来、水波不兴，时而阴风怒号、浊浪排空；时而亲切如父兄叮嘱，时而严厉如雷霆万钧。它总是从我们难以预想的方向突然为我们打开一扇窗，让那些带着酒香、花香与墨香的气息，吹散心头的浮躁与世俗。

我乐于沉浸在这三千年的文字世界中。我愿意像柳子厚那样访山问水，以自然造化涤心中烦忧；我愿意像范仲淹那样忧乐天下，为社稷苍生求生命福祉；我愿意像欧阳修那样醉于山水与人民之间，虽苍颜白发却怡然自乐；我愿意像苏子瞻那样驾扁舟逐明月，外求天人合一，内求气定神闲。这样的世界，每一缕风都飘荡起几许的诗情与豪气。无须举酒属客，先醉倒的，只会是纯净的心。

　　在这样的文字世界中，理想、胸襟、抱负，是生命的最佳定义，忠诚、坦荡、执着，是人性的完美诠释。这些大写的灵魂，以坚贞的人格操守和九死未悔的坚强信念，把并不鲜亮的生活经营得如火如荼。无论顺境逆境，无论花谢花开，跌倒了成为长河，站起来就是高山。

　　我渴望与这样的文字、这样的灵魂永久同行；我渴望沉醉在这醉过岁月的酒中，听任它流过我的每一根血管；我渴望我的躯体能随时随地散发这样的馥郁酒香，让我继承了这浓浓的醉意，再将它挥洒到空气中的每一个分子里。那样，我才能够更好地感受到它的生命的脉动，并且和着它的旋律翩然起舞。

　　今夜，我双手捧起这杯醉倒岁月的美酒，不敬天地，不敬神灵，只敬那一缕起自诗词歌赋文的清风。我相信，这些不朽的文字、不朽的灵魂，都不会在意这杯中物的尘俗价值。它们的心中，早已填满了锦绣的河山、灿烂的文明和伟大的追求。

　　醉翁之意不在酒，在乎山水之间也。我不是醉翁，却愿意是醉翁们文化精神的衣钵传人。


二


　　我是教师，一名终日与文学为伴的语文教师。我的物质世界或许并不繁花锦簇，精神世界却无限丰盈。我渴望借助我的引领，能帮助更多的人热爱文学、亲近经典。我幻想用文化的良币驱逐恶俗的劣币，让每一个灵魂都远离尘俗的污泥浊水的侵害。正是基于这样的目的，我继七年前编辑出版《中学语文经典文本解读——第三只眼看课文》之后，再一次对现行的多版本语文教科书进行筛选，挑选出为数代人熟悉的作者和作品进行个性化品读。

我的品读，没有考据家的寻根问底，没有理论家的严谨剖析，只是一名普普通通的阅读者，从人之常情出发，从语文学科教学的需要出发，同入选至语文教科书中的这些作者、经典课文进行完全私人化的对话。这些对话，有时从人情人性出发，有时从意义探知出发，有时则是从语文教学的现实需要出发。我的所有品读，绝不代表这些经典课文的正解。它的价值，只在于多开一扇窗，帮助我的语文同行以及其他阅读者换一个视角观赏世间万象。

## 三

本书由四个部分构成。第一部分侧重于介绍中学语文教科书中出现频率较多的几位作者。对孔子的介绍，以教科书中节选的 24 则《论语》语段为依托，围绕着学习和修身两大主题展开，避开了孔子的政治主张和道德伦理主张。之所以这样安排，是基于中学生的理解力的客观需要，也是基于语文学科教学的实际需要。对庄子的介绍，则是以《逍遥游》这一篇课文为根本，从《逍遥游》中挖掘一些足以滋养终身的成长养分。这些养分，大多数语文教师在教学这篇课文时不会主动关注。另外四位作者中，苏轼是我最喜欢的古人。之所以无比欣赏苏轼，是因为他在功名富贵面前的"拿得起，放得下"。苏轼的豁达通透，很大程度上取决于他集儒释道为一体的独特思想。在日常的语文教学中，人们往往更多关注儒家和道家思想对苏轼的影响，而对佛禅思想的影响关注较少。所以，我特意从佛禅视角进行分析，意在为语文教师和语文教学多搭一座桥。其余三位，主要依凭具体的课文或具体的故事进行宏观介绍，为语文教学提供一些多元解读的路径或背景知识。

第二部分侧重于换一个角度品读古诗文的主题。所谓"换一个角度"，并非为了哗众取宠、标新立异，而是从常识出发，努力还原真实场景下的真实生命的存在形式。比如对刘禹锡"沉舟侧畔千帆过，病树前头万木春"这句诗情感的剖析，就是为了修正语文教科书中的意义强加，以人之常情而探测刘禹锡彼时彼地的真实心态。其余古诗文的品读，重点放在诗文重要词句的赏析之上，试图借助一个点而拉动一个整体。比如对《扬州慢》的品读，就围绕一个"自"字而展开。这些品读，收获的感悟或许并不具备新鲜性，但品读中的着力点总能对语文教学有所开启。

第三部分侧重于"人"的视角。"人"的视角是我多年以来解读各类文本的唯一武器。人与人之间固然存在着身份、地位以及价值观的差异，但前提必然是每一个人都不是完人，都存在七情六欲，都存在一定的思维缺陷甚至人格缺陷。只有把文学作品中的人以及作者视作正常的"人"，才能在学习这些课文时跳出阶级论的框子，把形象分析放到更广阔的人情人性的世界中进行探究。立足于这样的思考，我以八篇经典课文的品读为例，试图分析出每一篇课文背后独特的情感。

第四部分侧重于课文的章法结构的分析。这一部分完全属于语文学科教学层面的知识，旨在以写法分析为抓手，带动文本意义的理解。当下的语文阅读教学中，普遍缺乏对文本章法结构的深度探究，读写悟难以形成统一体。事实上，几乎所有的经典课文，都是内容与形式完善结合的代表。品读这些文本，不但要知道它们"写了什么"，还应该知道"为什么写"以及"怎么样写"。

上述四个部分中，前三个部分均依照作者或作品的时代顺序进行编排，第四部分则依照先国内再国外的宏观顺序和时代先后的微观顺序编排。此种安排，仅为了写作的方便，并不存在意义上的递进。

## 四

我不知道，我折腾出的这些文字，能在多大程度上给您——我亲爱的读者朋友带来阅读的欣喜与感喟。我只能说，我在用心做这件事，并努力把它做得最好。今天，大地被厚厚的积雪覆盖，郊野一片洁白。瑞雪兆丰年，但愿我和您都拥有未来人生的一个又一个丰年。

"绿蚁新醅酒，红泥小火炉。晚来天欲雪，能饮一杯无？"大雪已降，让我们一同举杯，敬天地，敬前贤，敬语文，敬岁月，敬苍生！

是为序。

刘　祥

于古镇真州

目录
CONTENTS

**密码一 作者：有血有肉的"这一个"**

>> 圣人本色是教师 / 3

>> 像庄子一样逍遥游 / 12

>> 司马迁的潜意识 / 19

>> 柳宗元的牢骚怪话 / 25

>> 苏轼诗文中的禅意人生 / 32

>> 侠骨丹心辛稼轩 / 41

**密码二 主题：不一样的意义认知**

>>《兵车行》：悲伤着你的悲伤 / 49

>>《酬乐天扬州初逢席上见赠》："沉舟"何处觅豪情 / 57

>>《蝶恋花》：帘幕后的那一个"我" / 64

>>《定风波》：得大境界者有大人生 / 69

>>《扬州慢》：一"自"立魂，神韵尽出 / 74

>>《苏幕遮》：此景果真有深意 / 78

>>《临江仙》：失意人生的价值转型 / 82

>>《杜十娘怒沉百宝箱》："悲情盛妆"折射出了什么 / 88

## 密码三 情感：基于"人"的立场

≫ 明明白白我的心

　　——《赤壁赋》中的人生密码 / 93

≫ 溢美，为了理想和道义

　　——《寄欧阳舍人书》写作目的探微 / 99

≫ 在毁灭中建构真正的悲悯

　　——解读《祝福》中的三种死亡 / 106

≫ 识"渐"、守恒与正心

　　——丰子恺《渐》主题意蕴探微 / 111

≫ 做一个真实而有价值的人

　　——我读《人生的境界》/ 116

≫ 民俗背后的生存哲学

　　——《北京的春节》主题意义浅析 / 121

≫ 给热爱搭建一副支架

　　——刘白羽《长江三日》创作意旨解读 / 126

≫ 从没有无法抵达的港口

　　——海子《面朝大海，春暖花开》主题解读 / 131

## 密码四　表达：别有神韵的章法结构

≫ 由《离骚（节选）》看古典诗歌的抒情手法 / 141

≫ 由《阿房宫赋》看"赋"的铺陈夸张 / 146

≫ 其实我懂你的心

　　——《踏莎行·候馆梅残》抒情方式解析 / 151

≫ 史家笔法，智者情怀

　　——《为了忘却的记念》写法解析 / 157

≫ 巧用对立，彰显意义

　　——简评《拿来主义》中的三组对立概念 / 164

≫ 从没有无缘无故的爱恨

　　——《雷雨（节选）》中的戏剧冲突 / 169

≫ 每一道斑纹，都有存在的理由

　　——周晓枫散文《斑纹》赏析与解读 / 177

≫ 爱，就是灵魂的倾诉

　　——《罗密欧与朱丽叶（节选）》抒情方式赏析 / 181

后　记 / 187

密码一
作者：有血有肉的"这一个"

# 圣人本色是教师

中学语文教科书中，七年级辑录有《〈论语〉十二章》，高中一年级辑录有《〈论语〉十二则》。其中，七年级的选文侧重于阐释学习方法、学习态度和为人处世的基本准则，高中一年级的选文侧重于阐释修身、理想、责任、使命等相对宏观的人生价值。

引导学生学习这些语段时，教师在传授最基本的古汉语知识之后，还需要借助具体的语段内容，引领学生和孔子进行对话，品味字里行间隐藏着的丰厚信息，使其转换为学生生命成长的必要养分。

和孔子对话的关键，是剥离时代政治附加在孔子身上的各种溢美辞藻，把孔子从高居庙堂之上、接受万千人朝拜的千古一圣，还原成有血有肉、有优点也有缺点的一位个性教师。"天不生仲尼，万古如长夜"的极高评价，对于作为教师的孔子而言，不是一种崇高荣誉，而是一种捧杀。它将孔子僵化成了不食人间烟火的至圣先师，也彻底割断了孔子作为一个普通的"人"所应有的那份亲和与可爱。

其实，《论语》中以教师身份出现的孔子，原本十分可爱。

一

让我们先把目光转向七年级教科书中的《〈论语〉十二章》，且看其中的第一章和第七章的内容——

子曰："学而时习之，不亦说乎？有朋自远方来，不亦乐乎？人不知而不愠，不亦君子乎？"

子曰："知之者不如好之者，好之者不如乐之者。"

学生由小学升入中学后，学习方法、学习态度都需要进行调整。中学生该如何对待学习呢？这两段文字就很好地回答了这一问题。对待学习，孔子的主张很明确：从兴趣出发。孔子不赞成为求知而求知的纯学术态度，更不逼迫着学生为了功利目标而读书。他深知"知之者不如好之者，好之者不如乐之者"的为学之道，把学习兴趣的培养，作为育人的首要任务。也正因为如此，孔子才会根据自己学生的个性特长，将一干弟子分为德行、政事、言语、文学（指熟悉古代文献）四大类型。孔子督促子路、冉有这类热心政事的人积极研究治国之道，也鼓励颜回等热衷个性修为的人勤修心灵。

孔子的学习兴趣注定是超越常人的，在常人感觉不到快乐的地方，孔子可以轻松地获取学习的快乐。比如，孔子就说："学而时习之，不亦说乎？"老先生把永不停歇地复习、实习当作学习的快乐境界来追求。我想，他自己觉得这样很快乐，也会要求他的学生这样去获取快乐。

在司马迁的《史记·孔子世家》中，记载了这样一段故事：

孔老师曾向师襄子学弹琴，学了一段时间，师襄子说：如今您已学会弹琴了，可以弹另一首曲子了。孔老师说：我还没有掌握弹琴的技法。过了一段时间，师襄子说：您已经掌握了弹琴的技法了，可以弹另一首曲子了。孔老师说：我还没有掌握乐曲的旨趣。又过了一段时间，师襄子说：您已经掌握了乐曲的旨趣，可以弹另一首曲子了。孔老师说：我还没有弄清楚作者是一个怎样的人。又过了一段时间，孔老师陷入沉思，表现出志向高远的样子，眺望远方，说：我大体明白作者的为人了。他面色较黑，身材高大，志向远广，使地方同归于一，除了周文王，谁还能作出这样的乐曲呢？

孔子硬是能从乐曲中弹奏出周文王的具体形象，当然离不开他的"温故而知新"的目标追求和"学而时习之"的为学态度，但倘若没有"乐之"作支撑，还真无法解读。

孔子还主张读书是为了完善自我，强调一个人重要的是有真才实学，而无须在乎外在的名声和遭遇。孔子强调做学问应该"知之为知之，不知为不知"，倡导"见贤思齐焉，见不贤而内自省也"的自我反思精神，这些确实都值得后来者认真领悟、消化，并融入血液中。

二

再看七年级教科书中的《〈论语〉十二章》中的第六章——

子曰："一箪食，一瓢饮，在陋巷，人不堪其忧，回也不改其乐。贤哉回也！"

《论语》中，"一箪食"的前面，原本还有一个"贤哉回也"。教材或许是为了避免重复而把这四个字刻意删除，这实在是煞风景的行为。

前一个"贤哉回也"的价值是什么？它是一种无法遏止的、喷薄而出的赞叹，是作为教师的孔子对最喜爱的学生的由衷欣赏。孔子评价自己的学生时，不以学生读书时的成绩论英雄，即使在学生毕业若干年后，也不以他们取得的功业成绩论英雄。孔子评价学生，有他自己的一套评价体系。在孔子的评价体系中，财富、地位永远臣服于品德。孔子永远不会以某某诸侯、某某款爷曾经听过自己的课为自豪。老先生倾心赞赏的，是颜回那样虽清贫却矢志不渝地追求理想的学生。故而，前一个"贤哉回也"的慨叹，实在是将他老人家对颜回这个学生无法掩饰的欣赏和钟爱表达得淋漓尽致。相比较而言，后一个"贤哉回也"则理性得多，属于由充分的事实陈述中提炼出的相对冷静的结论。

这个语段中呈现出的评价标准，在两千多年后的今天，似乎已成绝响。当下的教育中，还有多少人会为一个无权、无势、无钱的学生发出这样的赞叹？我们早已习惯了宣扬自己教出了多少个考取清华、北大的学生，习惯了炫耀某某学生做了局长、厅长，某某学生成了千万、亿万富翁……更要命的是，我们还以为这样的成绩，是来自我们对学生灵魂的健康塑造，是素质教育的辉煌成果。跟孔子相比，今天的教育工作者着实应该羞愧万分。

孔子的这种"评优"标准，在《子路、曾皙、冉有、公西华侍坐》中也有很好的体现。当孔子要求学生们谈谈自己的理想追求时，面对子路、冉有、公西华的"鸿鹄之志",孔子并没有盲目欣赏,而是看到了壮志背后的性格缺陷。孔子说:"为国以礼,其言不让,是故哂之。唯求则非邦也与?安见方六七十如五六十而非邦也者?唯赤则非邦也与?宗庙会同,非诸侯而何?赤也为之小,孰能为之大?"孔子的话,用现代汉语来表达,就是先批评子路说话不知道谦虚,再批评冉有和公西华过分谦逊而缺乏自信。孔子尊重学生的理想,却不容忍学生的品德和性格缺陷。

曾皙描绘的那幅其乐融融的理想国画面,显然比较切合孔子的理想价值诉求:"莫春者,春服既成,冠者五六人,童子六七人,浴乎沂,风乎舞雩,咏而归。"这图景,无论是理解成王道礼制之下的太平盛世景象,还是解读成步入老年之后的孔子"道不行,乘桴浮于海"独善其身的道德追求,彰显的都是内在情感与外在生活方式的高度和谐。只有在这样的生活中,个体的生命,才能体会到情感、精神、思想以及心灵的快乐,才能超越于无休止的战争之外,另外构建一份体验生活、享受生活的王道乐土。因此,孔子对曾皙的话很是赞同,不禁喟然叹曰:"吾与点也!"孔子用对待子路的"哂之"、对待冉有与公西华的不置可否跟对待曾皙的"喟然叹曰"形成鲜明的对照,有意无意间,将自身的价值诉求化作了学生的评价准则。

《论语·公冶长》第26章记述了另一场有关理想追求的讨论。其中,孔子对自身理想的描述,同曾皙的追求有异曲同工之妙,可以看作孔子对曾皙描绘的画面的理论提炼:

> 颜渊季路侍。子曰:"盍各言尔志。"子路曰:"愿车马衣轻裘,与朋友共,敝之而无憾。"颜渊曰:"愿无伐善,无施劳。"子路曰:"愿闻子之志。"子曰:"老者安之,朋友信之,少者怀之。"

孔子的志向中,"我"是一个拥有绝对的人格道德力量的长者。只有这样的长者,才有能力让老老少少乐意于追随在自己的身旁。曾皙描绘的图景中,也同样有这样一位长者。而这两个长者,其实又高度重合在孔子身上。试想,孔子将三千弟子聚集在自己身边,让这些学生安安心心、心悦诚服地追随自己,不正是"老者安之,朋友信之,少者怀之"的最好注释吗!

# 三

七年级教科书《〈论语〉十二章》的第九章，辑录了这样一段话——

子曰："三人行，必有我师焉。择其善者而从之，其不善者而改之。"

孔子深悟"三人行，必有我师"的真意，不但乐于向正面形象学习，而且善于从反面形象中发现人情人性的弱点，并以此作为自己的人生警戒。孔子不像后世的有些人，对于不同于自己的人或言行，总喜好采用"残酷斗争、无情打击"的手段。孔子追求的，是"择其善者而从之，其不善者而改之"。这一点，跟高中语文课文《〈论语〉十二则》中的第四则"见贤思齐焉，见不贤而内自省"异曲同工。

作为教师，孔子还时刻注意更新自己的"桶中之水"，将自身的"业务进修"推演到了极致。孔子乐意于向一切人学习，从有特长的人身上学习其特长，从无特长的人身上吸取失败的教训。孔子学韶乐而三月不知肉味，学弹琴而"未得其为人也"绝不停歇。如果没有这种精益求精的学习精神，又如何能够获得多方面的成就，如何能够赢得三千弟子的信服。

近几年，我常常思考这样一个问题：孔子生活的时代，并没有多少可以阅读的书籍，老人家凭什么能够成为中国两千多年来最伟大的教育家、思想家？

连带着，又一个问题紧随而出：现当代的中国，各种教育教学理论著作汗牛塞屋，为什么却产生不了孔子这样的人了？

我想，当下社会的学者们，或许并不缺乏孔子的勤奋刻苦的学习态度，但却不见得具备孔子的兼容并包，更不见得能像孔子这样，向一切可以学习的人或事学习，并在学习中随时感悟出全新的意义。这，正是引导学生学习《论语》的真正价值。

说到孔子过人的悟性，还有一个小故事：

据说，孔子问道于老聃时，老聃只是张开嘴巴，让孔子看了看他的脱落将尽的牙齿和依旧健康红润的舌头，便闭目不再说话。返回的路上，学生们纷纷抱怨，只有孔子捻须大笑。孔子告诉学生：老聃已经将大智慧传授给我了啊。他告诉我，牙齿虽然坚硬，却经常以硬碰硬，时间长了，受到的损伤就大；舌头虽软，却在和牙齿几十年的相处中以柔克刚，没有丝毫损坏。

我们无法考证这个故事的真伪，也无法考证老聃想要表达的意义和孔子品读出来的这种意义是否吻合。但是，孔子的解读，显然符合事理，经得起推敲。孔子就是这样，从一切学习实践中不断发现生活的新感觉、新思考，直至思想丰盈成滋养一个国家两千年的"万世师表"。

## 四

高中一年级教科书的《〈论语〉十二则》中，辑录了这样一段话——

> 君子食无求饱，居无求安，敏于事而慎于言，就有道而正焉，可谓好学也已。

这段文字的字面意思是说，君子饮食不要求饱足，生活不要求安逸，做事勤勉而语言谨慎，接近有道德的人来匡正自己，这就可以说是喜欢学习了。

孔子一生勤学，成语"韦编三绝"就是他勤学的最好证据。

当勤学的孔子遇到不够勤奋的学生时，故事便产生了。当名叫宰予的学生在课堂上打瞌睡时，孔子便忍不住骂出声来——

> 子曰："朽木不可雕也，粪土之墙，不可圬也。于予与何诛！"

曾经有许多学者，从各种路径上考证出孔子对宰予的这段评价并非责骂，我对这样的考证并不欣赏，我更乐意于这个句子表达的就是孔子在面对上课睡觉的学生时爆发出的一腔愤怒，只有这样，孔子才更像一位真实的老师，而不至于成为城府深于大海的圣人。

孔子当然有充足的理由痛骂宰予。面对着"不舍昼夜"流逝而去的时光，孔子希望所有的学生都能珍惜光阴，发愤学习。孔子所处的时代，还没有教育局纪检科，宰予也不会到某个行政机构投诉自己的老师，所以，孔子就痛痛快快地骂一嗓子，既骂给宰予听，也骂给其他学生听。

当然，孔子是个重情感、有修养的人，这样的骂，《论语》中仅此一次。更多的时候，孔子对学生充满了慈爱。当听说自己的学生伯牛患了不治之症后，孔子立刻带着一干人赶过去，隔着窗户拉着伯牛的手，痛苦欲绝地发出最无助的呼号："亡之，命矣夫！斯人也而有斯疾也！斯人也而有斯疾也！"（失去这个人，这是天意啊！这样的人竟得了这样的病！这样的人竟得了这样的病！）可以想象，孔子当时一定是老泪横流。

成语"招摇过市"牵连出孔子的一段"艳遇"。《史记·孔子世家》中，司马迁对此进行了这样的描述："居卫月余，灵公与夫人同车，宦者雍渠参乘，出，使孔子为次乘，招摇市过之。"孔子在与美女王后南子的交往中，并没有获取践行自己政治主张的机会，反而引来了各种各样的谣言，甚至引起自己的学生对自身人品的质疑。孔子百口莫辩，只能对天发誓："予所否者，天厌之！天厌之！"（如果我的行为不合礼、不合道，就让上天惩罚我吧！让上天惩罚我吧！）孔子这样发誓时，一定是老脸通红、青筋暴起。

由这三件事，教师可以引导学生认识一个至情至性的孔子。这个孔子是何等可爱！

# 五

七年级教材《〈论语〉十二章》的第二章，摘录了孔子的学生曾参的一段语录。这段话，虽非孔子之言，却也可以看作孔子的自我反省意识在学生身上的延续——

曾子曰："吾日三省吾身：为人谋而不忠乎？与朋友交而不信乎？传不习乎？"

曾参每天从为人、交友、学习三个方面对自身行为进行全方位立体化的扫描，目的当然是为了发现"病毒"和"漏洞"，并及时杀灭、修复之。

曾参的观点，是对孔子价值主张的继承。《论语》中，孔子几乎无时无刻不在自我反省。孔子唯恐"德之不脩，学之不讲，闻义不能徙，不善不能改"，于是终日惴惴于自身品德的修炼。肉不按规矩切割他便坚决不吃，席位不正便坚决不就坐，在有丧事的人旁边吃饭便从来没有吃饱过。这种今天看来已经严谨到可笑程度的行为背后，体现的恰恰是孔子作为老师所努力践行的"克己"精神。

有一次，孔子不知何故而发出感慨："君子道者三，我无能焉：仁者不忧，知者不惑，勇者不惧。"这段话的大致意思是说"行周道之道的正人君子要做到三个方面，我是做不到的：仁爱的人就不会有忧虑，有智慧的人就不会迷惑，勇敢的人就无所惧"。撇开谦逊的品德不看，单从自我反省的角度审视孔子，便可发现这感慨背后孔子对自身的"高标准、严要求"。

后世常用竹子的"未曾出土便有节，到凌云处仍虚心"来赞美那些品德高洁之士。倘若将这里的"节"故意错解为不停歇地自我总结反省，便可发现孔子的"凌云"高度，正在于这不间断的自我省察。人生其实就是这样，总盯着自己的光彩一面，就会被光彩花了眼，进而丧失了客观看待世界的本领。只有学会从各个角度反思自我，才能正视优点和缺陷，为自己找到合理的定位。

## 六

七年级教材《〈论语〉十二章》的第一章的后半部分，孔子强调了"人不知而不愠"的豁达品性。无论是面对学生的不理解，还是世人的冷嘲热讽，孔子始终坚持的是"不怨天，不尤人，下学而上达"的人生追求。孔子坚守着"不患人之不己知，患其不能也"的达观品性，将伯夷、叔齐一类"不降其志，不辱其身"的上古高士视作自己的人生导师，在数十年的追求路上，始终以一颗坦然的心，迎接着八面风雨，成就着自身修为。

孔子当然也需要他人的认同和接纳，这是人之常情。孔子更深知"君子成人之美，不成人之恶。小人反是"的道理。因此，孔子在面对不理解时，除非事关公正和人品，便不会脸红脖子粗地争辩，更不会恼羞成怒，拔刀相向。

有一个问题孔子看得特别透彻。当子贡向孔子请教"乡人皆好之，何如"和"乡人皆恶之，何如"时，孔子立刻以"未可也"做出态度明确的回答。孔子认为，无论是乡亲们都喜欢他，还是乡亲们都讨厌他，都不是值得追求的为人目标。正确的目标应该是"乡人之善者好之，其不善者恶之"。想来，孔子也正是因为明了他人评价中的主观随意性，才会对种种的"不知"坦然一笑。

上述六方面的内容，支撑起的是鲜活的人。这种建立在"人"的品行基础上的孔子形象，才是真正值得我们学习的万世高标。中学生们学习《论语》，也正应该从课文的一则则选文中，读出孔子的这些可爱，并以其作为自身成长的养分。如此，才对得起孔子，对得起传承了两千余年的这份文化。当然，要达成这样的学习目标，需要教师首先能够真正读懂孔子。

# 像庄子一样逍遥游

北冥有鱼，其名为鲲。鲲之大，不知其几千里也；化而为鸟，其名为鹏。鹏之背，不知其几千里也；怒而飞，其翼若垂天之云。是鸟也，海运则将徙于南冥。

……

作为道家最具代表性的作品，《逍遥游》长期存在于各种版本的高中语文教科书中。

《逍遥游》应该教些什么？不同的教师必然会给出不同的答案。就我的语文教学而言，我主张在完成浅层次的字面意义解读之后，还应该花费一两节课的时间，引导学生认真品味《逍遥游》中隐藏着的深刻而丰厚的人生智慧。这些智慧，足以支撑起一个灵魂在一生征程中所需的各种经验和觉悟。

一

解读《逍遥游》，先要解读庄子。解读庄子，则先要认知庄子的梦。

如果每一个生命终结时，都必须将一生中做过的梦，用一个特定的容器装填起来，并用自己的肩膀，从尘俗一路背负到天堂中去，交给老天爷验收，那么，这段路程中，最累的人注定是庄子。庄子的一生，实在是做过太多太多的梦，小至幻化成一只蝴蝶，大至在浩瀚天宇间无边无际地自在遨游，非但他自己弄不明白究竟何时是做梦，何时是清醒，两千多年来，估计也没人真的考证清楚他那超绝凡俗的奇思妙想，终究是来自虚无缥缈的梦境世界，还是来自战火硝烟中的惨重现实。归因于梦境吧，梦境太轻盈，承载不起那些寓言背后的沉重人生；归根于现实呢，现实太沉重，放飞不了那些"抟扶摇而上者九万里"的灵魂和"乘天地之正，而御六气之辨，以游无穷者"的价值诉求。

好在庄子已然修炼至"逍遥游"的境界，值此境界中，大与小、轻与重、长与短、宏观与微观、梦境与现实……所有原本处于相对位置上的概念与意义，都时而融合为无形、无相、无色、无味却又无处不在的超现实物质，时而又分解幻化为鲲鱼、鹏鸟、河伯、海神等有血有肉、有理想有追求的生命体。庄子只要愿意去动脑筋，意念起处，即使积梦如泰山，顷刻间，也已送达老天爷的眼皮底下。

对于庄子的这份能耐，老天爷永远睁一只眼闭一只眼。老天爷深知庄子"吾将曳尾于涂中"的人生追求，无须担心庄子谋权篡位，故而能够容忍庄子拥有如此卓尔不群的聪颖，乐得视其为编制外的天使，听任他游戏尘俗，用不安分的思想，撩拨时代的腋窝，让痛楚中的人们，观赏到一丝微笑，体察到一点温馨。

这个"槁项黄馘"的"天使"，却绝不会乐意于接受那双长满了白羽毛的翅膀。对他而言，扇动着双翅，从天空中飘飘荡荡地降临人间，实在是一件太过麻烦也太过无趣的事情。他追求的，既不是"水击三千里，抟扶摇而上者九万里"的壮飞，也不是"御风而行，泠然善也，旬有五日而后反"的洒脱，而是身心合一、意到身至的化境。

## 二

这样的追求，着实超越了我们的想象。我们看庄子，总难免依凭了有限的文字而考据、推测甚至臆断；庄子看我们，却直接越过了皮囊，只把无限悲悯锁定在凡俗的灵魂中。故而，他更懂我们，我们却很难懂他。

我们当然不乐意于将自己视作蜩、学鸠和斥鴳，虽然我们每天都在不停地飞，为了现实中的各种利益。我们也常常会在感觉疲劳时停在某根树枝上休息，有些时候，也会尚未飞到枝条上，便落在地下。但我们以为自己胸怀壮志，不会如这三种鸟雀那般目光短浅。

我们也自以为虽不及冥灵、大椿、彭祖那般既有生命的长度也有生命的宽度，但总应该比朝菌、蟪蛄知晓的多。我们懂得利用一切可以利用的力量来造福我们自身，我们相信万物皆有所待，当然也就时刻准备着把握机遇，实现"好风凭借力，送我上青云"的人生理想。

然而，我们是鲲鹏吗？我们应当到何处寻找那"不知几千里也"的脊背？又该到哪里去修炼"如垂天之云"的双翼？六月之息或许年年皆有，问题的关键在于，我们的身躯、思想、灵魂、精神等等，是否承受得起这样的"抬举"？

这样思考时，我以为，我们便开始渴望着师从庄子，跟随他去学习逍遥游。

## 三

什么是庄子的"逍遥游"？中学语文教科书中的代表性的观点是"绝对自由"。也就是说，所谓的逍遥游，就是"乘天地之正，御六气之辨，以游于无穷"，达到至人、神人、圣人那样的忘我、无为、无用、无所待的绝对自由的精神境界。

这样的解读，在一定程度上存在着强加因果关系的病症。因为庄子强调的"御六气之辨"，其本质不是完全超越于天地万物之外而独立存在，而是顺应天地万物的运行规则"以游于无穷"。顺应的本质在于，天上挂了风，便乘风而行；天上起了云，便踏云而行。不像列御寇那样，只专注于"风"这唯一的外物。

道家思想的核心在于"无为"。"无为"不是不做事，而是不强行做事。故而，"无为"的灵魂依旧是顺应。教学《逍遥游》时，如果不能引导学生深层次地理解庄子的"顺应"，也就无法理解《逍遥游》，无法理解道家思想。

## 四

《逍遥游》中，庄子会教给我们一些什么样的生命技能呢？

我坚信，庄子绝不会如《射雕英雄传》中的江南七怪，迫不及待地督促着我们日夜苦练，也不会如马钰暗助郭靖那样从内功心法开始练起，甚至不会如洪七公那样因材施教。庄子看不上这些。庄子的开门武功，定然就是武学的至高境界——逍遥游。

"逍遥游"的第一层功力，名为"无招胜有招"。庄子不会告诉我们任何具体的招式，而是会将我们随意地扔在大自然的某个角落中，让我们依顺了自身的悟性，去跟每一阵风、每一朵云、每一片落叶、每一道飞瀑学习。庄子让我们在这样的学习中，学会顺应，学会集中意念，学会用心灵支配双手。那位丁姓厨师，就因为习得了这一层功力，解牛时才能够"以神遇而不以目视，官知止而神欲行。依乎天理，批大郤，导大窾，因其固然，技经肯綮之未尝，而况大軱乎"。这份修为，岂是能从师傅处一招一式地模仿而来？

日常的学习中，很多人总希望能够从老师那或者某些"秘笈""宝典"上学到轻松制敌的绝招。却不知，所有的绝招都是一种约束。真正有价值的学习方法，只能来自自身在学习中的习得和妙悟。只要依顺了学习规律，并在学习过程中做到了心无旁骛，那么，在日积月累中就会不断提升自身的学习能力。

第二层功力，名为"无欲胜有欲"。尘俗中的各种欲念，无论是褒义色彩的建功立业，还是贬义色彩的争权夺利，在庄子的眼中，都不过是份笑料。那种"知效一官，行比一乡，德合一君，而征一国"的个体修为，在儒家弟子的思想中，永远是无上的精神追求，庄子却偏偏视其为可怜可笑，将之划入斥鷃的行列中。庄子其实并不反对修炼为国为民的心境和才干，却坚决反对只做了有限的一点儿事，便挂在嘴上四处炫耀，唯恐天下人不知晓的浅薄行径。庄派武功，绝不争强好胜，亦不炫耀技巧。清心寡欲，才是修炼的正道。

这一层的功力，已很难修习。太多的人，勤学苦练，本就为了功名富贵，光宗耀祖。让这样的人无欲无求，全身心投入到学习过程本身，追求过程本身的快乐，无异于彻底颠覆了他若干年的人生追求。我们要师从庄子修习武功，就必须首先学会割舍，割舍掉那些学习过程中的附加物，还学习以应有的无欲境界。

第三层功力，名为"无涯胜有涯"。庄子有一段很是"忽悠"人的话，貌似嘲讽了勤学者："吾生也有涯，而知也无涯，以有涯随无涯，殆矣。已而为知者，殆而已矣。为善无近名，为恶无近刑，缘督以为经，可以保身，可以全生，可以养亲，可以尽年。"这段话的意思是说：人的生命是有限的，而知识是无穷的，以有限的生命去追求无穷的知识，就会搞得精疲力竭，既然如此，还去追求知识的人，就只能弄得疲困了。养生的人不做好事去追求名声，也不做坏事而触犯刑律，把依顺自然规律做事作为处事的法则，就可以保护生命，保全天性，可以养护精神，享尽天年。

表面上看，庄子说这段话的目的，是告知我们不要去追求无穷的知识，而应该养护好自己的生命和天性。我却以为，这段话其实是在传授一种极为高明的学习理念——顺应自然规律去做事。人的"有涯"的生命，不过是一个容量有限的容器，无涯的知识，却宽广如天地。要想用小小的容器，将天地纳入其中，无论对谁都是一场痴梦。既然无力将所有的知识完全占有，那么，就应该依顺自身的学习条件，顺应学习过程中的各种变化，集中精力，去做好应该做的那些事情。学习永远是这样，有所弃才有所取。

明白了这一点其实很重要。这个世界，诱惑太多，风景又往往只存在于远方。如何坚守住自己的"涯"，并在这"涯"内依顺自然规律做好该做的工作，才是让我们的容器不断扩大容量的不二法门。

第四层功力，名为"无为胜有为"。"无为"绝不是无所事事地混吃等死，而是一种心态，一种以不变应万变的通达。"无为"追求的"不变"，依旧是天道运行的自然法则；"无为"应对的"万变"，则是千变万化的人心。宋荣子"举世誉之而不加劝，举世非之而不加沮，定乎内外之分，辩乎荣辱之境"，正是对"无为"的一种极好解释。

"有为"则是个很有意思的词汇。我们夸奖某个人时，常常用"年轻有为"作为赞誉之词。这里的"有为"，显然属于褒义。应该说，这个世界上，渴望"有为"的人太多，真正"有为"的人却很少。许许多多的人，把"瞎折腾"当成了一种"有为"，这样的"有为"，副作用远远大于实际效益，小则害己害人，大则祸国殃民。

突然间想到了一则轶闻：美国阿拉斯加州塔尔基特纳市（Talkeetna）在

15年前选举市长时，因为选民对几位候选人很不满意，便开玩笑地自发推选一只刚出生的猫为候选人，没承想，最终它竟真的当选为市长，而且连任了15年。在猫市长"执政"的这15年间，当地经济取得了良好的成就。

猫市长肯定算不得"有为之士"，然而，恰恰是这份"无为"，保证了当地的各项工作在自然状态下依照既有的法律法规健康地运转了下去。再看看那些渴望着"有为"的官员，为了自己的政绩，今天修一条路，明天办一个厂，朝令夕改，劳民伤财。这样的"有为"，哪里比得上"无为"。

第五层功力，名为"无己胜有我"。庄子说："至人无己，神人无功，圣人无名。"意思是说："道德修养高尚的人，能够达到忘我的境界；精神世界完全超脱物外的人，心目中没有功名和事业；思想修养臻于完美的人，从不去追求名誉和地位。"

这等功力，已然是集大成的境界。达到此等功力的人，外在的一切多已内化为生命的必然，个体的心灵和复杂多变的外部世界融合为一个整体，尘俗中的功名富贵，和自然界的鸟语花香，都不过是生命的一种点缀。修炼者看重的，是自身功力的日渐精进和"道"的日渐完善，在不显山不露水的状态下，成就心灵的充实和强大。

要练成这一层功力，遗忘是最好的办法。所有的欲念、情感、品质、技能，都需要遗忘在心灵的海洋中，只留下一望无际的广阔和深邃，去顺应天地运行的正道。总担心既得利益的丧失，总恐惧自我的迷失，便无法打通这一层玄关，进入不了逍遥游的境地。

我们中的绝大多数人，终其一生，也无法修炼至这样的境界。我们有着太多的抛不开、撇不下的情感和追求，但这不妨碍我们对这等境界的神往。至今，我始终认为，"毫不利己，专门利人"是一种崇高的美德。我们不能因为自己做不到，就把极少数拥有崇高精神追求的人视作虚伪和荒诞。不能因为我们总是在功利境界和道德境界的道路上艰难跋涉，便否认了还有人在道德境界通往天地境界的路径上奋力前行。

第六层功力，名为"无所待胜有所待"。很多读者以为，庄子在阐述"无所待"的境界时，犯了自相矛盾的错误。因为庄子刚刚批评列子"御风而行，泠然善也，旬有五日而后反。彼于致福者，未数数然也。此虽免乎行，犹有所待者也"，接着就强调"乘天地之正，而御六气之辨，以游无穷者，彼且恶乎待哉"。在这些评论者的眼中，庄子强调的"乘"和"御"，依旧要借助"天地之正""六气之辨"，便算不得"无所待"。

这样的解读，其实混淆了两个概念："非此不可"与"灵活应对"。列子御风而行，无风则无法行动，这便是"非此不可"，属于"有所待"；依顺天地万物的本性，顺应六气的变化而灵活变化，不强求某种具体的形式，便是"无所待"。"无所待"绝非彻底的不借助任何一种外物，而是强调顺应自然的规律，随心所欲地享受自然。

"无所待"的境界，实属庄子修炼的最高境界。达成了此种境界时，顺势而为，便成了一种必然。高中教材中未曾收录的《逍遥游》后半部分内容中，庄子和惠子对话时有关大瓢和樗的功用的不同认知，其实正是"有所待"和"无所待"的具体例证。惠子之所以认为这两件物品无所用，是因为他的心中早就预设了这两件物品的用途。他期待着这两件物品，能够和自己的心愿相一致，不一致时便认为这两件物品没有价值。庄子则不同。庄子并不对这两件物品建立必然的期待，而是在这两件物品形成之后，依顺它们的自然属性，灵活赋予其最大的价值。如此，庄子眼中，便不会有无用之物，万物都会有自己的独特功能。

## 五

从教育的视角看，"无所待"同样是最高的教育境界。教育中的"无所待"，就是依顺了学生的成长天性去培养他，造就他，并在其学成之后，赋予他一个最适宜的位置，帮助他实现自身价值的最大化。那种只希望将学生当作某项具体的指标，试图将学生塑造成同一种模式的产品的"有所待"的应试教育，跟此种"无所待"的教育相比，着实有天壤之别。

# 司马迁的潜意识

中学语文教科书中，先后收录过司马迁的《太史公自序》《报任安书》《鸿门宴》《廉颇蔺相如列传》《高祖本纪》《淮阴侯列传》等课文。苏教版选修教材中，更是单独设置了一门《史记》选修课程。教师引导学生学习这些课文时，既需要通过特定的情节全方位认知司马迁，认知他所塑造的项羽、蔺相如、李广等英雄，也需要借助特定的细节感知其文字背后潜藏的深层意义。其中，读懂司马迁的英雄情结，读懂英雄情结背后对于强权的讥讽、嘲弄与蔑视，是真正读懂《史记》的关键。

——

《史记》的大量传记中都蕴含着浓郁的英雄情结，比如《廉颇蔺相如列传》《刺客列传》《陈涉世家》等。司马迁笔下的英雄，大多具有蔑视强权、游戏王侯的个性特征。蔺相如在渑池会上以死胁迫秦王为赵王击缶、荆轲在秦廷之上突袭秦王、陈胜以戍卒之身揭竿而起推翻暴秦，这些可歌可泣的故事背后，都彰显着一种以小击大、以弱抗强的牺牲精神和人性光芒。

有些研究者将司马迁的此种英雄情结称为"人民性"，认为司马迁是站在人民的立场上，代表底层或中下层的人民表达对强权的不满与反抗。这样的认知，过于拔高了司马迁的精神品质，要知道，年轻时的司马迁，未必会以仰视的目光看待那些快意恩仇的游侠、舍生取义的刺客。即使是"力拔山兮气盖世"的霸王，也不见得能够勾起他太多的惋惜。至于揭竿而起的陈涉、一生坎坷的李广，更无资格占据他那注定流传万世的汗青册页。

那么，是什么让他的价值观产生了如此大的变化？起因是那个本无关痛

密码一　作者：有血有肉的"这一个"　|　19

痒的李陵降敌案。司马迁出于史家的责任，加之他与李陵的私交，竟然冒犯龙颜而抗辞力争，最终惹火烧身，蒙受了宫刑。这样的巨变让他体察到了身心俱残的人间至痛。重创之后的太史公，不得不将自己的视线，投放到所效忠的大汉王朝之外更广阔的历史背景中，用一颗流血的心，感触三千年历史长河中飞溅的浪花，体察喧嚣背后的生命低吟。

于是，《史记》才成了有血有肉的历史，成了无数鲜活生命或快意驰骋或艰难跋涉的舞台。在这个舞台上，帝王的成功仅成为一个无须喝彩的亮相，英雄末路的悲壮，才是热血贲张的精彩华章。

于是，自刎乌江的西楚霸王，尽管暴虐成性、杀人如麻，却因为个体勇力的充分展示而成为司马迁心中顶天立地的英雄；投身汨罗的屈原，尽管孤高自傲无力回天，却因为个性才情的逆境绽放而成为太史公笔下卓尔不群的前贤。

二

本性上说，司马迁只是个儒生。在司马迁的自觉意识中，完成"究天人之际，通古今之变，成一家之言"的史学巨著《史记》，本只是为了给逝去的父亲一个交代，只是为了"君子疾没世而名不称焉"，以《史记》的不朽实现个体人生的不朽。

是灾难重塑了司马迁。宫刑带来的巨大羞辱，不仅损伤了他的躯体和灵魂，击碎了他原本单纯的人生信念，还将一种质疑、一种否定、一种反抗，植入了他流血的心灵，迫使他始终挣扎于"择生"与"择死"的艰难选择之中，既要为不得不选择苟活寻找自我慰藉的理由，又要为痛楚的灵魂探求一剂自我救赎的良药。

那段著名的"文王拘而演《周易》，仲尼厄而作《春秋》"，在《太史公自序》和《报任安书》中两次出现，绝不是司马迁的无意疏忽。这些在逆境中取得辉煌成就的前贤的存在，对屈辱中的司马迁而言，无疑是前行道路上确立起的一杆杆精神高标。尽管司马迁在《太史公自序》中归结出了"人固有一死，或重于泰山，或轻于鸿毛"的生死观，为自己的忍辱偷生附着上崇高追求的神圣光芒。但这光芒的力量却是那般微弱，以至于始终无法照亮他心头郁结的那层阴影。要驱除阴影，他必须从熟知的史料中树立起一群饱经磨难的英雄形象。他要借这些英雄的偷生，印证自己偷生的价值；也要借这些英雄的慷慨赴死，寄托自己无法实现的理想追求。

明白了这点，才能读懂司马迁，才能明白《史记》为什么要将"不入流"的游侠、刺客之流纳入列传，将并未成就霸业的项羽、陈涉纳入本纪、世家的缘由。在太史公的潜意识中，这些失败的人生，尽管结尾未能光彩辉煌，而过程之中，却因为天性的自由绽放而催生出耀眼的人格魅力之花。太史公是多么希望自己能够具备这些人的英雄品质，让自己的生命也这样轰轰烈烈地绽放一次呀，他因为要苟活下来完成《史记》，无法实现这样的心愿，就只能把讴歌勇于抗击强权的英雄豪杰，当作献给自己灵魂的最好安慰。

三

当司马迁投入全部身心把项羽塑造成盖世英雄时，作为项羽对手的刘邦，虽然最终战胜了项羽，建立起大汉王朝，却只能以近乎小丑的身份出现在《史记》中，成为市井无赖的典型代表。

司马迁绝非真正的无私。宫刑的惨痛遭遇，将一种怨愤深深植入了他的骨髓。这种怨愤，在驱使他以顽强的意志创作《史记》的同时，也在潜意识中左右了他对刘氏王朝历代帝王的形象塑造。因而，他在撰写《高祖本纪》时，尽管竭尽全力地朝着"不虚美、不隐恶"的方向努力，但还是在选材与遣词造句两方面有意无意中进行了褒贬取舍，进而使得原本应该光彩夺目的高祖，被扭曲成了颇具丑角色彩的无赖帝王。

其实，同样的故事，换个角度品味，味道有时便截然相反。

比如"贺钱万"的故事中，司马迁通过"易诸吏""绐为谒""实不持一钱"的细节描绘，不作一字点评，却已然在读者心目中塑造出了一个傲慢、轻狂、狡诈的反面形象。然而，如果我们从不同流合污的角度解读，刘邦又何尝不是一个智斗腐败的正面英雄？

再如郦食其拜见的一段故事，从史学价值而言，刘邦是否"踞床，使两女子洗足"，本无任何价值。因为刘邦的知过能改，在很多重大事件中已有很好的表现。纠正这样的小错，实在不值一提。但司马迁特意安置了这样的细节，隐语无非是刘邦好色。如果我们从人格不断完善的角度解读，则更多应该读出刘邦的不断战胜自身个性缺陷，一点点走向成熟所付出的努力。

当然，这两个故事，只是生活中的小事，即使果真都如司马迁所隐喻的那样，也不会对刘邦形象构成多大的损伤。对政治家而言，小节毕竟不是主流。

真正让刘邦遭受冤枉的，是两件"大"事。

首先是"推坠儿女自逃命"的故事。有关这个故事的评价早有定论，一致的观点是，从这件事可见刘邦的自私自利和凶狠残暴。这样的评价当然不无道理，但却是建立在刘邦本性邪恶的基础上的。现在，我们换个角度看，敌人死命追赶的，是刘邦，是刘邦所乘的战车。也就是说，最危险的地方，正是这辆车。刘邦将儿女推下车，自己坐在车上继续狂奔，则敌人就会盯紧着车子继续紧追下去。下了车的儿女，只要找到任何一个隐蔽处藏起来，便处在了安全中。如此，刘邦又何尝不是将危险留给了自己呢？

其次是"幸分我一桮羹"的故事。这个故事带给刘邦的，是自私无赖、残酷寡情的道德定性。然而，当我们跳出了司马迁为我们预置的思维定势，从解决问题的最佳路径思考时，一个问题便不得不引起我们的深思：还有什么样的方法，能比刘邦这段话更能解决问题呢？苦苦哀求？只会激起项羽的进一步要挟。奋力一搏？摆明了是鸡蛋碰石头。为了孝顺而投降？正中项羽圈套。多年的征战，使刘邦早已了解了项羽的为人。他此时采取的满不在乎的态度，不正是解决问题的最佳方案吗？

至于"未央宫举杯噱父"类的花絮，自然也不应该将其解读成刘邦灵魂深处的渺小、鄙陋。要知道，恰恰是这样的张狂，才使刘邦不至于沦落为装模作样、高高在上的政治机器，而始终保持了作为人的独特个性。

所以，阅读《高祖本纪》时，我们必须学会换位思考，只有这样，才能透过司马迁的潜意识，还原出一个真实的刘邦。


四


在《淮阴侯列传》中，司马迁同样隐藏了很多可以反向解读的价值主

# 柳宗元的牢骚怪话

在大唐文化的百花园中，柳宗元无疑是一株错过了季节的莲花。那姹紫嫣红的初唐与盛唐，数不尽的花儿，在肥沃的泥土上自在地绽放，有的娇艳欲滴，有的幽香阵阵，装点得那一片河山，满目斑斓，芬芳扑鼻。

柳宗元却不幸生长在地瘠水枯、霜风渐紧的中唐。他的童年和少年，在父母的精心呵护下，虽然未曾遭遇过多的凄风苦雨，然而大环境的恶劣，还是让他过早品尝到颠沛流离之苦。年仅 12 岁时，他便在父亲柳镇任职的夏口，经历了藩镇割据的战火。

蓓蕾初绽的那一段时光，柳宗元似乎"开放"得很顺畅：20 岁时中了进士；23 岁步入官场，出任秘书省校书郎；25 岁又中博学宏词科，调为集贤殿书院正字；28 岁调为蓝田尉；30 岁调回长安任监察御史里行；32 岁升任礼部员外郎，官阶从六品上。作为花儿所应有的色香味儿，柳宗元已然应有尽有。

然而，这样的顺利，仅只是寒流到来前的暂时性温暖，一场撼动生命根基的风暴，已开始在柳宗元意想不到的角落中酝酿。

32 岁时，柳宗元积极参与了王叔文、王伾的"永贞革新"运动，用最灿烂的绽放，同脚下的污泥浊水进行了最快意的斗争，全然忘却了四下里的肃杀秋风已汇聚成摧花损叶的利刃。于是，仅仅只有 146 天，他和他的战友们就一起倒在了这利刃的疯狂砍杀中，王叔文香消玉殒，"八司马"花落根伤。一纸贬书，柳宗元先是被贬邵州刺史，行未半路，又被加贬为永州司马，并且"纵逢恩赦，不在量移之限"[1]。

---

[1] 语出《旧唐书·宪宗纪》："壬午，左降官韦执谊，韩泰、陈谏、柳宗元、刘禹锡、韩晔、凌准、程异等八人，纵逢恩赦，不在量移之限。"

和柳宗元同去永州的，有他67岁的老母、5岁的女儿等人。初到之时，寄宿寺庙，生活艰苦，有病无处医。未及半载，老母凄然辞世。政敌们依旧不肯放过柳宗元。一时间，永州境内谣言四起，骂声不绝，"万罪横生，不知其端"[①]，为国为民的革新家，几乎成了人人喊打的过街鼠，身心受到严重摧残。柳宗元这朵洁净的莲，再也无法在政治舞台上绽放自己的美丽。

## 一

写作《始得西山宴游记》时，柳宗元36岁，距被贬永州，已有四个年头。四年间，柳宗元始终生活在丧母、多病、担心朝廷杀戮的多重凄惶中，除了在官署中处理日常事务，其余时间便要么游历山水，排遣郁愤，要么埋头著述，钻研学问。据有关学者考证，《柳宗元全集》收录的577篇诗文中，共有310篇写于被贬永州这十年。这些作品，奠定了柳宗元在我国古代文学史和思想史上的地位。

四年中，柳宗元还做了一件很丢面子的事：他写了数封信函，请亲友甚至政敌伸出援助之手，帮助自己重回朝堂。这些信件的泥牛入海，最终让柳宗元对局势有了真正清晰的认识。也正是这样的认知，他才得以将注意力真正转移到永州的山水和百姓身上，开始了另一种意义的生命旅程。

发现并游历西山之前，柳宗元已经在永州的众多山峦中留下过足迹。《始得西山宴游记》的前一部分内容，就是对这些游历的一个综述。作为压抑人生的真实写照，柳宗元并未将写作重点落在山水风物的摹形绘相之上，而是侧重叙述贬谪生活中的独特心理与怪诞行动。这样的叙述，因为受内心的惊恐与愤懑的双重情感的支配，体现出既不敢畅所欲言、又不愿忍气吞声的特性，言有尽而意无穷，如同给牢骚穿了一件隐形衣。

文章的第一句便具备了"隐形衣"的特征。"自余为僇人，居是州，恒惴栗。"这里的"僇人"身份很值得玩味。柳宗元为什么不说"自余被黜"或者"自余被贬谪"，却要强调"自余为僇人"呢？表面上看，以"僇人"

---

① 语出柳宗元《与萧翰林俛书》。

自称，似乎有认罪之态，等于向政敌示弱，承认自己积极参与变革活动是一种犯罪。实际上，这个称谓的背后，恰恰隐藏着内心中的极大不满与反抗。生活经验告诉我们，真正的罪人，总是想方设法掩饰自己的恶名；蒙冤受屈者，却常常以罪人身份自居。因为当一个正直无私之人被强加罪名，并且丧失了所有的申诉机会后，唯有这自谑式的称谓，才能表达对政敌的最大蔑视。

这五个字还有另外一层意义："我"之所以"为僇人"，并非内心的邪恶作祟，不属于主动性行为。"我""为僇人"的真实原因，是政敌的迫害，是政敌们给"我"强加的恶名。而"我"的本心，却是可昭日月的为国为民的宏愿。

"居是州"三字，同样内藏机巧。柳宗元为什么不说"左迁是州""谪是州"，而用一个"居"字？又为何不说"居永州"，却要强调"是州"？这三个字，其实隐藏了一种心不甘、情不愿的郁愤心态。句中的"居"，全无感情色彩，完全是一种公事公办式的冷冰冰的叙述；句中的"是"，更有拒人千里之外的冷漠，透露出柳宗元对永州本能的拒绝。这就像日常生活中有人喜欢用"那个破学校""这个鬼地方"来描述自己所在的学校一样，这样叙述时，总是把自己和学校割裂开来，倘若内心中对学校充满喜爱，便会称其为"我们学校"。柳宗元从繁华的京城谪居永州这蛮荒之地，内心早已被愤怒、失意、惊恐挤满，再无空间装得下永州的山水风物，因而也就将自己定位为暂时客居此州的一名匆匆过客，不愿意成为永州的一名成员。

"恒惴栗"三字，依旧极富张力。"惴"为内心中的情绪活动，"栗"为外显的行为，"栗"的原因，在于"惴"。柳宗元在永州时，命运并未确定。永贞革新中风头最劲的"二王刘柳"四人，王伾遭贬不久便在忧郁和惊恐中病逝，王叔文也是先被贬后被赐死，剩下的刘禹锡和柳宗元，随时都会遭遇死亡的威胁。如此，内心中惴惴不安便在所难免。而"恒"惴栗也就符合常情。

## 二

当一个人总是生活在极度惊恐中时，这样的生命是无质量的。人生没有目标，也不敢拥有目标，一切便都只能听天由命。这样的日子，最喜的是忙碌，最怕的是休息。忙碌起来，便可以暂时性忘记恐惧；而一旦歇下来，恐惧便会从每一个细胞中生长出来，让呼吸都变得艰难。故而，柳宗元只能用无目的的出游来填塞多余的时间，"其隙也，则施施而行，漫漫而游。日与其徒上高山，入深林，穷回溪，幽泉怪石，无远不到"。

"施施而行，漫漫而游"八个字，如果从文句中删除，对语义的流畅不构成任何影响，反而更显精炼。但这八字却删不得。这八个字，如果依照教材中的注释，只理解为"缓慢地、漫无目的地行走"，显然不能准确表达出柳宗元出游时的独特心理，无法凸显"恒惴栗"的精神特征。我认为，此处的"施施""漫漫"，其实是在描绘柳宗元出行时的谨小慎微。可以想象，柳宗元在"恒惴栗"的情况下，每一次的出行肯定都是不事张扬的悄然而出、悄然而归。这八个字，就是在描述这样的出行情景。

《始得西山宴游记》中最精彩的一个细节，是"到则披草而坐，倾壶而醉"。与前文的"上高山，入深林，穷回溪，幽泉怪石，无远不到"联系起来看，柳宗元每一次出行的过程，注定都充满了艰难。按理说，费了这么多的力气终于到达目的地后，本应该全身心投入到景物的观赏与感悟中，去发现大自然的美好，感受天生万物的神奇，参悟人生的各种意义。然而，柳宗元却一反常态，到了人迹罕至之处，却立刻一屁股坐在地上，拿起酒壶，一口气把整壶的酒灌进肚子中，全然不去欣赏身边的景色，似乎他来到这儿，就只是为了喝酒，为了把自己灌得酩酊大醉。

柳宗元这样描述自己的行动，当然有其深意。"倾壶而醉"的背后，第一层意义，当指这些山水无法唤起柳宗元内心的情感共鸣，故而不屑花费时间和精力去观赏；第二层意义，则指向"恒惴栗"的处境与心态，是这样的生存环境，破坏了他发现山水中的美好的心境，使他无法用欣赏的心态去观赏万物；第三层意义，更指向"醉"的权利，可以由这偏远之处的"醉"而推想其在永州城中的谨小慎微，想醉而不得。后世的欧阳修感慨的"醉翁之意不在酒，在乎山水之间也"，完全不适用于谪居永州的柳宗元，柳宗元之意，不在山水之间，只在醉酒本身。

有关"梦"的二十四个字，也有三个细节需要耐心咀嚼。第一，为什么强调"意有所及，梦亦同趣"，而不是"梦有所及，意亦同趣"？这符合常理吗？第二，"觉而起，起而归"六个字中，包含了哪些信息？第三，"醉辄更相枕以卧"中，隐含着什么样的故事情节？

从常理看，梦本不会被大脑主动控制，不会因为醒时正在思考某个问题，便一定要在梦中延续这样的思索。柳宗元这样说，显然是为了突出内心长时间的矛盾与纠葛。因为遭贬之后，每天琢磨的总是相同的问题，以至于梦都不再具有飘忽不定的特性，只会围绕着贬谪生活这个单一主题而展开。这句看似简单的叙述，背后该有多少深入骨髓的剧痛，由这一个梦，便可见全部。

"醉辄更相枕以卧"以及"觉而起，起而归"，是对"倾壶而醉"的必要补充，有了这个补充，柳宗元"但求一醉"的行为，才有了强有力的证据。柳宗元和这些山水，根本没发生任何故事，他不过是借这一块地盘，暂时性寄放一下烂醉的躯体而已。

"以为凡是州之山水有异态者，皆我有也"是一句颇具哲理的生命反思。这句话出现在第一部分的结尾处，除了可以收拢前文，并引出下文有关西山的描绘，还可以彰显柳宗元"始得西山"后的自我反思。柳宗元在"得西山"之后，才明白以前的所有游历并无真正的意义。柳宗元自以为山水"皆我有也"，其实灵魂从未走入那些山水中，那些山水也从未真正亲近过柳宗元。形成此种怪诞现象的原因，当然在于前文的"到则披草而坐，倾壶而醉"和"觉而起，起而归"。柳宗元把自己的心关闭起来，不去感受那些山水，也不让那些山水融进自己的世界。这样的"到此一游"，便只能算得上"来过"，谈不上"了解"，更不必奢谈"拥有"。

三

跟以往的所有游历不同，柳宗元游西山，是一种真正的"得"。很多解读者认为，西山之所以能引起柳宗元的情感共鸣，在于它高峻特立的特性，正好切合了柳宗元的清高孤傲、不与群丑为伍的人格追求。而此前所游历的群山，基本不具备这样的属性。这样的说法，似乎有些牵强。毕竟，前四年中游历的高山，不见得每一座都不如西山伟岸挺拔，而真实的西山，也不过是一座并不高耸入云的丘峦。只不过，那时的柳宗元，总是活在"恒惴栗"的阴影中，其寻山访水，全为了逃避现实，暂时性忘却险恶的处境，并非为了寻访山水之美，也就不会去关注山形山势等问题。

四年后，初贬的惊恐逐渐消逝，柳宗元也慢慢融入了永州的生活，并在"立功"无望之际，转而全身心投入"立言"大业。这时的出游，便不再是"施施而行，漫漫而游"，而是一种主动地寻找和发现。心态转变了，眼前的景色也就跟着起了变化。如此，发现西山的"怪特"，也就在情理之中。

在柳宗元的描绘中，西山的最大特点，是"特立，不与培塿为类"。置身西山之巅，"则凡数州之土壤，皆在衽席之下"。此种卓尔不群的特性，显然具有开阔心胸、涤荡烦忧的诊疗价值，对于久处压抑之中的柳宗元，实在是一副极好的精神疗救药。故而，柳宗元对西山也就拥有了极好的感觉，甚至在不知不觉中产生了天人合一的奇幻感受，仿佛自己的生命已彻底融入了西山，成为西山的一部分。

有了这样的心境，再饮酒时，便绝不是煞风景的"倾壶而醉"，取而代之的是"引觞满酌"。柳宗元开始端起酒杯，斟满美酒，以无边景色为下酒佳肴，慢慢品尝湖光山色、杯中美酒以及胸中情怀。不知不觉中，他又醉了。这一次的醉，醉得痛快，醉得阴云消散，日朗风清。

比照西山之醉和以前的醉，我们可以发现一些有趣的省略和对比。就省略的内容看，这一次的醉，是否依旧会做梦呢？柳宗元没有说。如果做梦了，又是否依旧是"意有所极，梦亦同趣"呢？更被彻底省略。这样的省略，为读者留下了一些喜剧性的想象空间，有利于更好地解读柳宗元"得"西山后的灵魂自我解脱与救赎。而从对比角度看，此前始终是酒醒后便立刻打道回府，此次却"无所见而犹不欲归"，这"速归"与"不欲归"的比照中，柳宗元对西山的眷恋也就得到了最完全的展示。为什么"不欲归"呢？柳宗元直接告诉了我们："心凝形释，与万化冥合。"也就是说，柳宗元之所以不愿意回到城中府衙，是因为他在西山之上找寻到了一种忘却所有不愉快的方法，此种方法，就是将生命完全敞开，融入自然之中，不为外物所役使，只求灵魂的自在。

# 四

物我两忘的生命境界，一直是古代文人永远也圆不了的一场梦。这样的梦，对于挣扎于"入世""出世"困境中的士大夫们，在一定程度上起着麻醉神经、摆脱痛苦的作用。然而，再美的梦，终须醒来，醒来之后，就必须重新面对残酷的现实。所以，柳宗元虽然"不欲归"，却也不能不回归沉重的生活。

但有梦的人生终究不再是一张白纸。梦的彩色，会在梦醒之后，依旧装饰着做梦人的精神空间，让他们在惨淡中多了份亮色的点缀。柳宗元的西山之行，让他从西山的存在形态中读出了自身生命的价值与意义，激活了重新感受生命中的美好的情感，也便为他更好地活下去发掘出了充足的理由。也正因为此，我们才能在今天有幸阅读到不朽的"永州八记"，能够从《江雪》《捕蛇者说》等诗文中感受到古代知识分子的情怀和担当。

从写作手法上看，《始得西山宴游记》前后两部分间，起着互为反衬的作用。绝大多数鉴赏者，认为文章的侧重点落在后部分有关西山的描绘上，前部分属于故作曲笔，虚晃一枪，为的是衬托"未始知西山之怪特"。这样读时，便弱化了柳宗元隐藏在文字背后的情感。须知，前部分固然可用来反衬后部分，后部分亦可用来反衬前部分。后部分越是突出"始得西山"的快乐，也就越是能够体现此前四年的生活的痛楚与悲凉，越是能够彰显四年间的精神压抑和灵魂折磨。更为重要的是，柳宗元能够待在西山的时间不过一天，一旦回到现实，依旧还会有无穷尽的忧与痛等候着他，他也许依旧会回归"恒惴栗"的常态中，继续去过那些胆战心惊的日子。当然，也或许柳宗元就此开始振奋起来，努力让自己活出西山的那种气势和风采。作为读者，我们希望他是后者。

跟后世的苏轼相比，柳宗元似乎属于"拿不起、放不下"的人，贬谪生涯中，他的内心纠结了太多的郁愤。他需要将这样的郁愤表达出来，却又不敢也不愿直抒胸臆，便只能用最委婉的方式，借写山水来间接抒情。只是，柳宗元笔下的山水，附着了太多的主观情绪，很多时候，也就成了个性情感的一部分。正是基于这一点，我以为，柳宗元的山水，不过是他给牢骚穿的一件隐形衣。脱去了这件衣服，牢骚便清晰地暴露出来。

# 苏轼诗文中的禅意人生

中学语文教科书中，苏轼无疑是出现频率较高的作者。其代表作《赤壁赋》《念奴娇·赤壁怀古》均为高中必读课文。此外还有《记承天寺夜游》《定风波》《江城子》《六国论》等诗文。

对于中学生而言，学习苏轼的作品，决不能只停留在对古汉语知识的简单识记之上，而是要通过对苏轼系列诗文的研读，全方位认知这个"前无古人，后无来者"的杰出灵魂。

在林语堂先生的《苏东坡传》（张振玉译，湖南文艺出版社2016年版）第一章结尾处的几段文字中，苏轼被定义为"天生聪慧，对佛理一触即通""第一个将佛理入诗"的文人。林语堂认为，苏轼的"诗文中有一种特质，实在难以言喻""具有一种我们称之为发自肺腑的'真纯'""大略如行云流水，初无定质，但常行于所当行，常止于不可不止"。苏轼诗文中的难以言喻的"特质"与"真纯"，当然不会完全来自他对佛理的通晓，但这样的通晓却一定会对他的人生观形成影响，进而对其诗文创作产生影响。正是基于这样的思考，中学语文教学中完全有必要通过特定的群文阅读，对其"一蓑烟雨任平生"的禅意人生进行探究。

一

无论是做人还是作诗文，苏轼都能从人生的矛盾、感情的漩涡中解脱出来，追求一种精神上的解放。这样的人生境界与艺术境界，离不开佛禅思想的浸染。

苏轼的一生，始终与佛禅相关联。早期，苏轼受父亲苏洵的影响，乐于结交饱学的僧佛。及至为官凤翔，受同僚王大年的影响，"予始未知佛法，君为言大略，皆推见至隐而以自证耳，使人不疑，予之喜佛书，盖自君发之"。不过这段时期，苏轼虽学佛却不信佛。年轻时的苏轼，其思想中无法撼动的，是儒家的家国情怀。

"乌台诗案"之后，苏轼被贬黄州，随着他对自己宦海沉浮的反思，他的人生观开始慢慢发生变化，他明白了在这种情况下，儒家追求名利的观念只会带给自己更多痛苦，而佛教思想中的"超然洒脱"才是他所需要的，因此，黄州时期是苏轼真正信佛、礼佛、敬佛的开始，正如苏辙所说"既而谪居于黄，杜门深居，驰骋翰墨，其文一变，如川之方至，而辙瞠然不能及矣。后读释氏书，深悟实相，参之孔、老，博辩无碍，浩然不见其涯也"。到了黄州之后，苏轼每天诵经念佛，还经常去寺庙中参拜进香，求得心中清净，而他名流千古的雅号——东坡居士，便诞生于此时。

在《黄州安国寺记》中，苏轼详细介绍了自己"归诚"于佛教，定期到城南安国寺打坐、静思，以消除心中的郁闷和烦恼，求得内心清净的过程。他说：

> 反观从来举意动作，皆不中道，非独今之所以得罪者也。欲新其一，恐失其二。触类而求之，有不可胜悔者。于是，喟然叹曰："道不足以御气，性不足以胜习。不锄其本，而耘其末。今虽改之，后必复作。盍归诚佛僧，求一洗之？"

> 得城南精舍曰安国寺，有茂林修竹，陂池亭榭。间一二日辄往，焚香默坐，深自省察，则物我相忘，身心皆空，求罪垢所从生而不可得。一念清净，染污自落，表里翛然，无所附丽。私窃乐之。旦往而暮还者，五年于此矣。

二次被贬时，前往惠州的途中，途经虔州（今江西赣县），苏轼参谒崇庆禅院，看到那里新建的经藏——"宝轮藏"，撰写了《虔州崇庆禅院新经藏记》。苏轼感慨：

> 呜呼，吾老矣，安得数年之暇，托于佛僧之宇，尽发其书，以无所思心会如来意。庶几于"无所得故而得"者。

当然，苏轼的信佛、礼佛、敬佛与归诚，并非虔诚的宗教信仰，而是情感与灵魂的依附。他在面对人生的万种失意之时，以佛禅的参悟和觉解，为个体的生命寻觅到了一方月朗风清的精神圣土。这样的思想情感追求，较之以"以恶抗恶"的暴力、自甘堕落的颓丧、玩世不恭的自虐，不知高明了多少倍。

"苏轼以儒家的入世精神和理性态度看待佛教，又以佛家的无畏精神和超越理念面对人生。"

我认为，这样的评价是对苏轼与佛禅间关系的精确概述。

二

佛禅思想对于苏轼的影响如此深远，必然会作用到他的诗文创作中。简要分析他各个时期的诗文特点，很容易发现这种影响留下的痕迹。

最直接的体现，是苏轼诗文中的佛禅思想与其年龄的增长以及人生的遭遇密切关联。

乌台诗案之前，苏轼的诗文以功业情怀为主要表达内容。其早期所著的诸多策论，如《刑赏忠厚之至论》《礼义信足以成德论》《形势不如德论》《礼以养人为本论》《韩非论》等，均以治国平天下的价值诉求为表达核心。其诗歌也秉持着同样的思想，如其长诗《入峡》中的"尘劳世方病，局促我何堪。尽解林泉好，多为富贵酣。试看飞鸟乐，高遁此心甘"，一方面感叹自己为世俗的富贵所诱惑，竟然抛弃了林泉之乐；另一方面又隐含了对民生疾苦的殷切关注，对自身政治理想追求的焦虑。这个阶段的诗歌中，苏轼多次表达对时事的不满，一次次倾诉归隐的愿望。这样的不满与愿望，换一个角度看，恰恰体现的是强烈的进取精神。因为只有渴望有所作为的人，才会对现实不满，才会想着逃离。

此阶段的诗歌中，也有为数不少的作品涉及佛禅。在《略论苏轼早期对佛教的接受》中，吉林大学文学院博士生导师王树海、博士李明华对苏轼早期诗文中与佛禅有关的信息作了详尽的归纳：凤翔为官之前的 78 首诗歌，只有8处提及佛禅，且全都是作为风光或文化现象而进行描绘，并未进入到他的精神领域；凤翔时期的138首诗歌，出现佛僧寺三字的共25处，"诗作虽并非全部涉及佛禅内容，但仍然比凤翔之前的同类之作，就其质地而言，佛教内容比重增加，显示出苏轼在凤翔签判任上，真正开始关注佛教"。其中，《和子由渑池怀旧》被认定为"苏轼诗歌中涉及佛禅思想的第一篇作品"。

凤翔之后至密州为官的十年间，仕途的坎坷放大了苏轼思想中归隐与入仕的矛盾，这阶段的诗文创作，开始了有意识的探究佛禅思想，籍以展示自我内心的纠葛与困顿。其中，写于密州任上的《超然台记》，就借助事理的剖析和密州生活的描绘，阐释了"超然于物外，必得其乐"的人生觉解。苏轼在文章中说："夫所谓求福而辞祸者，以福可喜而祸可悲也。人之所欲无穷，而物之可以足吾欲者有尽，美恶之辨战乎中，而去取之择交乎前。则可乐者常少，而可悲者常多。是谓求祸而辞福。夫求祸而辞福，岂人之情也哉？物有以盖之矣。彼游于物之内，而不游于物之外。物非有大小也，自其内而观之，未有不高且大者也。彼挟其高大以临我，则我常眩乱反复，如隙中之观斗，又焉知胜负之所在。是以美恶横生，而忧乐出焉，可不大哀乎！"这样的感触，将福与祸、乐与悲、美与恶、心与物统辖于人生的困境中，彰显出了佛禅思想超然物外的生命价值。

黄州及其后的数十年，佛禅思想渐成苏轼精神世界的最重要支撑物。体现在诗文创作中，无论是不朽的《赤壁赋》《念奴娇·赤壁怀古》，还是最能体现苏轼旷达情怀的《定风波》，都在"人生如梦，一尊还酹江月"和"一蓑烟雨任平生"的超旷境界中，实现了佛禅思想与儒者品质的融合。

岭南之贬，禅学对他的影响更深。在《南华寺》诗中，苏轼写道："我本修行人，三世积精炼。中间一念失，受此百年谴。"他返照自我，谛视人生，认为自己所受"百年谴"正是因为一念之差、误入仕途所致。在这样的人生喟叹的背后，隐藏着的不正是他对佛禅的接纳吗？

佛禅思想在苏轼诗文中的另一个体现，是诗文创作态度的转化，苏轼虽说一直被称为豪放派的代表人物，但是毕竟是从小到大接受儒家教育，难免在刚开始创作时被世俗的框架约束，文章的取材方面也有所保留。而在充分接触佛禅思想之后，他的创作态度发生了很大变化，世间万物无不可入诗文，从曾经的风花雪月、愁肠哀思发展到宇宙自然、哲学人生，情感自由挥发，态度放纵不羁。

三

苏轼诗文中的佛禅思想，更多是以超然物外的生命质态，寄复杂的人生纠葛于恒常的自然风物之中，通过对山水风物的歌咏描摹，获取思想的顿悟、灵魂的解脱、精神的突破和情感的丰盈。

苏轼后期的散文中，《记承天寺夜游》虽仅寥寥百余字，且无一字直言佛禅，但细细品来却极具禅意：

> 元丰六年十月十二日夜，解衣欲睡，月色入户，欣然起行。念无与为乐者，遂至承天寺寻张怀民。怀民亦未寝，相与步于中庭。庭下如积水空明，水中藻荇交横，盖竹柏影也。何夜无月？何处无竹柏？但少闲人如吾两人者耳。

"庭下如积水空明，水中藻荇交横，盖竹柏影也"句，借庭下所见之景写空中恒常之月，"空明"二字涤荡去所有的尘俗烦恼，将自然景观和内在情感建立了有效关联。"何夜无月？何处无竹柏？但少闲人如吾两人者耳"则将月与松柏的"在"，与"闲人"的"少"甚至"无"形成对比，既间接抒发心中情感，又将佛禅思想中的"常"与"变"落实到具体风物之上，体现出人生短暂、宇宙恒常的生命洞察，为失意中的人生开掘出走向豁达通透的精神路径。

此种将佛禅思想融入山水风物的写作技法，在《赤壁赋》中也有精彩的呈现。无论是开头部分的"白露横江，水光接天。纵一苇之所如，凌万顷之茫然"，还是后部分苏子有关"变"的一大段宏论，亦都是以眼前之山水风物为载体，把佛禅思想融入应有的人生态度之中，表达出特定情境中的个性化感受。这样的感受，极少儒者的功业意识，也与道家的无为、顺应有着一定的差异。它的思想根源，只在于佛禅的"放下"。在"放下"甚至割断各种尘俗之念中，获取超然象外的人生价值。

苏轼后期的诗词中,佛禅思想和山水风物更是密不可分。其中,由山水风物而"顿悟"出特定的人生意义,是该类作品的一个重要主题。比如,《定风波》中的一切意象,最终指向的莫不是禅宗的顿悟。苏轼由这风雨中的一次行走,顿悟出的是超越一切功名利禄的"大自在"。《题西林壁》则由偶然中的一次登山,顿悟出"不识庐山真面目,只缘身在此山中"的生命视角,为屡遭祸患的人生开辟了一条通向光明的道路。《惠崇春江晚景》则由一幅画作而顿悟出"春江水暖鸭先知"的人生哲理。

## 四

林语堂曾这样形容苏轼:"苏东坡是个秉性难改的乐天派,是悲天悯人的道德家,是黎民百姓的好朋友,是散文作家,是新派的画家,是伟大的书法家,是酿酒的实验者,是工程师,是假道学的反对派,是瑜伽术的修炼者,是佛教徒,是士大夫,是皇帝的秘书,是饮酒成瘾者,是心肠慈悲的法官,是政治上的坚持己见者,是月下的漫步者,是诗人,是生性诙谐爱开玩笑的人。"

每一种身份的背后,当然离不开特定的思想。此处我们关注的,只是其"佛教徒"这一特殊身份。此身份与其"秉性难改的乐天派""悲天悯人的道德家""黎民百姓的好朋友""心肠慈悲的法官""月下的漫步者""诗人"等身份间,实在是有着千丝万缕的联系。武断一点而言,苏轼的乐天、悲悯、豁达,或许正是因为他的"佛教徒"身份。佛禅思想让苏轼拥有了比其他人更为别样的视角、更为宽广的胸怀。

在苏轼的诗文中,致力于追求人生禅意的作品并非少数。苏轼诗文中的禅意人生,归纳起来,大体可界定为四种类型:对自身,以佛禅思想实现灵魂的自我救赎;对他人,以佛禅思想包容各种过错,用慈悲之心体察他人苦难;对社会,以佛禅思想弥补儒道的不足,在进退得失间建立精神的平衡;对自然,以佛禅思想体察万物的价值,赋予万物以独特的存在意义。

第一种类型,体现在诗文中,以黄州期间的作品为代表。由《卜算子·缺月挂疏桐》《念奴娇·赤壁怀古》至《定风波·莫听穿林打叶声》,诗歌内容与主题的渐变，折射的正是其思想由儒者家国情怀朝向佛禅的无我与超脱的演变过程。时间稍后的《定风波·南海归赠王定国侍人寓娘》，更是以一句"此心安处是吾乡"将佛禅的随处皆可修行的理念拓展至生命存在的高度。

第二种类型的诗文，主要表现为对志同道合者的赞美，对同病相怜者的劝勉与激励。比如，《临江仙·送钱穆父》就以"天涯踏尽红尘。依然一笑作春温。无波真古井，有节是秋筠"，既颂扬了友人心性纯正、保持名节的品德，也表明了自己淡泊的心境和坚贞的操守。"无波真古井"化用白居易《赠元稹》中的"无波古井水，有节秋竹竿"，以一个"真"字诠释出"古井"内蕴深厚而不事渲染的美好品质。古井无波，禅意深厚。

第三种类型的诗文，侧重于抒写政治诉求。比如《雪堂记》，就借他在黄州东坡雪堂与"客"的对话，表达他的生命态度与政治追求。"苏轼以寓言的形式表达：他虽以出世为高，但并不想追求真正的出世，而愿保持在世的身份，遵守社会规范和尽力于社会义务。由此也可以说，尽管苏轼在遭贬黄州之后奉佛相当虔诚，广读和书写佛经，参访寺院礼拜佛菩萨像，为佛菩萨罗汉写赞铭，诚心操办为已亡父母、妻妾的追荐法会，向其子苏过讲《金光明经》"，[1] 但他并未放下儒者的担当。他不过是以佛禅的思想修正儒者的灵魂，为失意时的人生搭建一个精神避难所。

第四种类型的诗文，看似寄情山水，与其他文人无异。细加品读却可以发现，苏轼笔下的自然万物，更多具备"青青翠竹，总是法身；郁郁黄花，无非般若"的佛意佛性。比如，在《吉祥寺僧求阁名》中，苏轼借题发挥，以"过眼荣枯电与风，久长那得似花红。上人宴坐观空阁，观色观空色即空"而阐发荣枯得失不过是过眼烟云的意义。这样的体验，简直就是在直接说禅。

---

[1]　杨曾文:《苏轼的佛教情怀及禅僧的交游》,《人文宗教研究（第二辑）》, 2011 年卷。

# 五

苏轼的一生深受儒道佛三家思想的影响，却从不互相冲突，不论是儒家"入世"与佛道"出世"的纠纷，还是儒家追求功名与佛道顺其自然的矛盾，他都能在心中进行协调。究其原因，大约是因为对于任一家思想，他都不会全盘接收，而是有所扬弃，正如他的佛教观念也从不会脱离社会现实一样。这种通透的态度也深切体现于他的作品中，就拿《赤壁赋》来说，开篇便是如画美景，清风、明月、白露、水光，仿若仙境，"纵一苇之所如，凌万顷之茫然。浩浩乎如冯虚御风，而不知其所止；飘飘乎如遗世独立，羽化而登仙"，这样一种仿若仙佛意境让人不由得联想到佛家达摩祖师"一苇渡江"的玄妙，这正是苏轼佛教思想最明确的表现。但是，虽然环境如此梦幻，苏轼却不会完全沉溺于佛家的玄幻世界中，他的心中始终受到儒家思想的影响，始终记挂着朝廷，"桂棹兮兰桨，击空明兮溯流光。渺渺兮予怀，望美人兮天一方"，想要报效国家、报答皇帝的知遇之恩，却远离京城，身处偏远，让人怎能不苦闷。然而苏轼毕竟不是怨天尤人之人，"逝者如斯，而未尝往也；盈虚者如彼，而卒莫消长也。盖将自其变者而观之，则天地曾不能以一瞬；自其不变者而观之，则物与我皆无尽也，而又何羡乎？"这种"轮回往复""万物皆空"的玄妙之道，在圆满回答客人困扰的同时，也让苏轼自己的心灵得到了解脱。

今天，当我们鉴赏品味苏轼的诗文时，应该收获的读者意义正是他对儒佛道思想的兼容；是其在儒者的功业情怀之外由佛禅思想中提炼出的乐观、豁达、睿智的精神品质；是面对困境宠辱不惊，始终以超然物外、坦然理性的态度去完善自己人生的行为。

苏轼，这个擦亮了中国文化史的率真书生，正是凭借了他由佛禅思想浸染中获取的那份永远的单纯、永远的良善、永远的豁达，在密布着凄风苦雨的历史隧洞中，穿透出一缕温暖的人性之光。这束光，不但照亮了他自己前行的道路，让沉沉暗夜因之而陡添月朗风清的神韵，而且为无穷尽的后来者打开了窥察希望的瞭望孔，使挣扎于坎坷之中的人们，有了前行的方向和无尽的动力。

我们仰慕"一蓑烟雨任平生"的豁达，追寻"也无风雨也无晴"的洒脱，欣赏"一点浩然气，千里快哉风"的雄浑与豪壮。我们在苏轼所营造的艺术和人性世界中，挖掘足以滋养我们一生的财富。如此，我们又怎么能不怀揣虔敬，真心感谢这位给予了我们无限恩惠的人。

# 侠骨丹心辛稼轩

各版本的高中语文教科书中，均收录了辛弃疾的《永遇乐·京口北固亭怀古》：

千古江山，英雄无觅，孙仲谋处。舞榭歌台，风流总被，雨打风吹去。斜阳草树，寻常巷陌，人道寄奴曾住。想当年：金戈铁马，气吞万里如虎。

元嘉草草，封狼居胥，赢得仓皇北顾。四十三年，望中犹记，烽火扬州路。可堪回首，佛狸祠下，一片神鸦社鼓。凭谁问：廉颇老矣，尚能饭否？

这首词作，可以视作辛弃疾传奇人生的最精当的概括。诗歌中，既有年轻时的"金戈铁马，气吞万里如虎"，又有中年时的迷茫困顿，还有晚年的"有心杀敌，无力回天"。

在另一词作《水龙吟·登建康赏心亭》中，辛弃疾对自身形象作了更详细的描绘——

楚天千里清秋，水随天去秋无际。遥岑远目，献愁供恨，玉簪螺髻。落日楼头，断鸿声里，江南游子。把吴钩看了，栏杆拍遍，无人会，登临意。

休说鲈鱼堪脍，尽西风，季鹰归未？求田问舍，怕应羞见，刘郎才气。可惜流年，忧愁风雨，树犹如此！倩何人唤取，红巾翠袖，揾英雄泪！

要全面了解诗歌中的抒情主人公，仅凭字面上的内容显然不够，必须在教学中补充一定量的史料，更好地突出辛弃疾的豪侠风范与传奇经历。下面这几个故事，均可以作为背景材料，穿插到相关诗文的赏析中。

# 一

无论是正史还是野史，但凡伟大的生命，都会被附加一个不同寻常的起点。

孔子乃"纥与颜氏女野合而生"，生下来就"首上圩顶"，属于典型的怪胎；刘邦是"其先刘媪尝息大泽之陂，梦与神遇。是时雷电晦冥，太公往视，则见蛟龙於其上。已而有身，遂产高祖"，更是"非我族类"。辛弃疾的诞生同样神奇，当其降生时，其母梦见一头硕大的犀牛闯入了房屋之中，因之受到了惊吓，于是产下了辛弃疾。

辛弃疾少时，很受祖父辛赞的器重。在乱世之中，辛赞以一金人小吏的卑贱之身，却时刻心忧故国，常常给小孙子讲北宋灭亡的惨痛历史，希望孙子长大后发奋图强，效法岳飞等忠臣良将，收复赵家沦陷的国土。为此，辛赞不但严格督促辛弃疾学习儒家经典著作，而且安排辛弃疾跟随舅父王进学习武术。闲暇时，辛赞常带辛弃疾登上高山，眺望祖国的大好河山，历数各地风景名胜与人文典故，以此激发辛弃疾的爱国热情。祖父的这些教诲，给少年辛弃疾留下了十分深刻的印象。

辛弃疾成人后，据说是"身长八尺，表容正直，孔武有力，才敏善诗而不喜功名""少有志，常常以岳公自励"。

1161 年，金主完颜亮挥师南征，国内兵力空虚。于是，各路义军乘机起兵反金。辛弃疾把握住这个难逢的良机，带领家族中子弟二千余人"毁家起兵"后，迅速率领人马潜入济南南部山区，开始和金人对抗。一时之间，攻城略地，智取金人军火库，开粮仓救济饥民，成为南部山区十分有影响的一支义军队伍。

完颜亮因军队内讧而被杀死后，完颜雍即位。一方面与南宋小朝廷议和，一方面抓紧镇压各路义军。面对金兵的重兵围困，辛弃疾灵活用兵，顺利跳出了包围圈后，将自己的武装和当时北方地区最大的义军队伍——耿京义军进行了合并。辛弃疾的军事才干、武功与文学修养，深得草莽出身的耿京的赏识。不久，他被耿京任命为掌书记（类似于现代的机要秘书），负责起义军的文书工作，掌管起义军的大印。

# 二

辛弃疾绝非李白那样只会在诗歌中"十步杀一人，千里不留行。事了拂衣去，深藏身与名"。20 岁时的辛弃疾，完全是一位"百万军中，去上将首级，如探囊取物"的豪侠。

《宋史·辛弃疾传》中，记录了这样一段传奇：

> 耿京聚兵山东，称天平节度使，节制山东、河北忠义军马，弃疾为掌书记，即劝京决策南向。僧义端者，喜谈兵，弃疾间与之游。及在京军中，义端亦聚众千余，说下之，使隶京。义端一夕窃印以逃，京大怒，欲杀弃疾。弃疾曰："丐我三日期，不获，就死未晚。"揣僧必以虚实奔告金帅，急追获之。义端曰："我识君真相，乃青兕也，力能杀人，幸勿杀我。"弃疾斩其首归报，京益壮之。

将这段话转换为武侠故事，说的便是辛弃疾在济南起兵后，曾结识了一个名叫义端的和尚。这个和尚，颇知兵法，利用天下大乱的机会，也聚集了数千号人马起兵抗金。辛弃疾和耿京的队伍会师后，便把义端这支队伍的情况告诉了耿京，希望耿京能够招募这支兵马，进一步壮大义军的力量。耿京听了这个消息，很高兴，就派辛弃疾去跟义端联络。此后不几天，义端就带领他的队伍投靠了耿京的起义军。

义端到了耿京的义军后，跟辛弃疾很亲近。辛弃疾也把义端看成是自己的兄弟，对他没有丝毫的防范。哪知义端无法忍受作为普通将领的军规束缚，在暗中接受了金主完颜雍的收买。一天晚上，义端趁辛弃疾不防备，偷走了辛弃疾保管的起义军大印，连夜逃奔金军。

接到消息后，耿京十分气恼，认为辛弃疾引来了奸细，罪当处死。辛弃疾自知理亏，只恳请耿京宽限三天时间，允许自己追回大印，捉回义端。耿京答应了辛弃疾的恳求。辛弃疾果然用三天时间，快马加鞭追上并制服了义端，砍下义端的首级拴在马背上，取回大印回到耿京营里复命，耿京由此而更加器重辛弃疾。

# 三

辛弃疾晚年闲居时，创作过一首《鹧鸪天》：

[序] 有客慨然谈功名，因追念少年时事，戏作
壮岁旌旗拥万夫，锦襜突骑渡江初。燕兵夜娖银胡䩞，汉箭朝飞金仆姑。
追往事，叹今吾，春风不染白髭须。却将万字平戎策，换得东家种树书。

词前小序虽言该词为"戏作"，但其追念的少年时事却并非虚构，而是一段具有较高可信度的史料。

《宋史·辛弃疾传》中，对此"少年时事"做了如下记录：

绍兴三十二年，京令弃疾奉表归宋，高宗劳师建康，召见，嘉纳之，授承务郎、天平节度掌书记，并以节使印告召京。会张安国、邵进已杀京降金，弃疾还至海州，与众谋曰："我缘主帅来归朝，不期事变，何以复命？"乃约统制王世隆及忠义人马全福等径趋金营，安国方与金将酣饮，即众中缚之以归，金将追之不及。献俘行在，斩安国于市。仍授前官，改差江阴金判。弃疾时年二十三。

这首词和这段文字，讲述的是同一个故事：辛弃疾勇擒张安国。绍兴三十二年，初登王位的金主完颜雍改变了堂兄完颜亮在位时单纯使用武力的政策，采用招抚和镇压相结合的手段，对北方各路义军展开强大的攻势。耿京的义军受到了严重威胁。辛弃疾建议耿京和朝廷取得联系，以便南北呼应，进可以收复失地，退可以把人马拉到南宋。耿京接受了辛弃疾的意见，就派义军总提领贾瑞做代表，到建康去见宋高宗。由于贾瑞是个不识字的武将，不懂得朝见礼节，于是派辛弃疾随行。

然而，在辛弃疾离开义军的那段时间，耿京却被义军的将领张安国、邵进杀害了。

辛弃疾从建康回到海州后，得知这个消息，悲愤欲绝，发誓要铲除叛贼，为耿京报仇。他跟其他将领商量之后，挑选了王世隆、马全福等五十名勇士，一起骑马奔向济州。

此时，张安国已被金人封为济州太守，拥有五万兵马。辛弃疾的队伍到了济州官府时，张安国正在里面设宴请客，听说辛弃疾只带了五十号人马来访，一时弄不清他的来意，就吩咐兵士让他们进来。辛弃疾和同去的勇士闯进大厅时，张安国正跟一些金将在宴席上喝酒作乐。辛弃疾他们也不跟张安国说话，一拥而上，七手八脚地就把张安国捆绑起来拉出衙门。等济州兵士从惊讶中醒悟过来的时候，他们已经把张安国缚在马上。济州的兵士因主帅被擒，大家投鼠忌器，没人敢动手。辛弃疾抓住时机，谎言说朝廷大军马上就要到达，要求济州兵士归顺义军。济州的兵士中，相当多的人原本就是被张安国裹挟了来的义军，多数原来跟过耿京，听到辛弃疾一号召，有上万人愿意跟他们走。辛弃疾立刻带着义军，押着叛徒，直奔南方。辛弃疾把叛徒押到建康行营，南宋朝廷审清楚张安国的罪行，立刻把他砍头示众。

四

自 1162 年南渡至 1179 年由湖南转运副使任上转为潭州知州兼湖南安抚使，辛弃疾生命中最美好的十八个春秋几乎是在一事无成中悄然而逝。三十而未立，四十依旧困惑。此时，南宋小朝廷中，主和派占据了领导地位，一向立主抗金的辛弃疾势单力孤，空有收复失地的雄心壮志，却无施展才华的舞台和时机。

这个时期，由于常年战乱，生灵涂炭，民不聊生，加之官吏腐败，草菅人命，使得湖南湖北一带盗寇纷起。辛弃疾到任后，经过调查了解，弄清楚了叛乱频仍的根源。于是，他一面组织武装讨平那些危害较大的贼寇，一面上书皇帝，立陈自己的"弭盗之术"。辛弃疾认为，百姓之所以沦为盗寇，主要原因在于苛捐杂税过重，各级官吏为了能完成朝廷交付的捐税任务，不得不放纵下属采用"残民害物"的暴力手段强行征徼。要想从根本上平定盗寇，就必须"申饬州县，以惠养元元为意"，也就是说，必须严格约束官吏的行为，让百姓获得休养生息的机会。辛弃疾的这个奏章，很得皇帝欢心。

为了能更好地消弭湖广一带的贼寇，同时平定西南少数民族的骚乱，辛弃疾又上书请求在湖南建立一支"飞虎军"。《宋史·辛弃疾传》详细记录了辛弃疾的这份奏疏：

> 军政之敝，统率不一，差出占破，略无已时。军人则利於优闲窠坐，奔走公门，苟图衣食，以故教阅废弛，逃亡者不追，冒名者不举。平居则奸民无所忌惮，缓急则卒伍不堪征行，至调大军，

> 千里讨捕，胜负未决，伤威损重，为害非细。乞依广东摧锋、荆南神劲、福建左翼例，别创一军，以湖南飞虎为名，止拨属三牙、密院，专听帅臣节制调度，庶使夷獠知有军威，望风慑服。

这个主张得到了皇帝的应允。皇帝下诏批准辛弃疾全面负责。于是，辛弃疾"乃度马殷营垒故基，起盖砦栅，招步军二千人，马军五百人，傔人在外，战马铁甲皆备。先以缗钱五万于广西买马五百匹，诏广西安抚司岁带买三十匹"，又一次轰轰烈烈地拉起队伍。

辛弃疾的这些作为，让朝廷中的主和派很不开心，他们担心辛弃疾的招兵买马，名为平寇，实是为北伐作准备。因此，这些人便在皇帝面前多次说辛弃疾的坏话，让皇帝取消辛弃疾的治军行为。皇帝耳朵根子软，禁不住这些主和派的轮番劝说，于是"降御前金字牌，俾日下住罢"。让辛弃疾放弃组建飞虎军。辛弃疾接下圣令后，却做出什么事也没有发生的样子，只是私下里将金字牌藏了起来，然后找到监办事务的人，严令他一个月内将飞虎营栅建成，如有违背，将以军法处置。这样一来，属下不敢有丝毫怠慢，军营如期落成。辛弃疾于是上书皇帝，陈述自己建营的前因后果，并将军营情况绘成图画呈给皇帝。皇帝看了辛弃疾的奏章和地图后，明白了辛弃疾的忠诚，也就赦免了他。

飞虎军组建成功后，辛弃疾加紧训练，用最短的时间，将他们锤炼成了一支铁军。这支军队，雄居湖南，威镇两广和云贵，成为当时地方武装中力量最为强大的一支军队。

密码二
# 主题：不一样的意义认知

# 《兵车行》：悲伤着你的悲伤

车辚辚，马萧萧，行人弓箭各在腰。耶娘妻子走相送，尘埃不见咸阳桥。牵衣顿足拦道哭，哭声直上干云霄……

唐代诗歌中，表现将士出征场景的诗句并不鲜见，如杨炯《从军行》中的"牙璋辞凤阙，铁骑绕龙城"，岑参《轮台歌奉送封大夫出师西征》中的"上将拥旄西出征，平明吹笛大军行。四边伐鼓雪海涌，三军大呼阴山动"等，这类诗句，多借助宏阔雄壮的景象，间接展现唐军的高昂斗志，抒写"宁为百夫长，胜作一书生"的功业情怀。

杜甫的《兵车行》却反其道而行之。开篇处便以"车辚辚，马萧萧，行人弓箭各在腰"的纷乱、"耶娘妻子走相送，尘埃不见咸阳桥"的不舍、"牵衣顿足拦道哭，哭声直上干云霄"的悲痛，共同编织成一幅嘈杂无序、哭声震天的出征离别图景。这样的出征图，显然格调过于悲凉，色彩过于黯淡。

不同的景象，当然是不同创作目的的产物。初唐与盛唐的边塞诗人，在强烈的功业意识的支配下，投笔从戎，建功立业，心中装的是万丈豪情，故而，他们笔下的出征，是锦绣前程的开始，自不会悲悲戚戚。而《兵车行》诞生的年代，西南战事一次次失利，士卒死者十有八九，疆场之上，不再有美好未来，只有无辜死亡，这样的出征，对士兵而言，凶多吉少，哪里还会有热血豪情？

一

《兵车行》的具体创作时间并无确考，后世的诗评家及考据者多依靠作品内容以及杜甫生平经历大体上推定其创作于唐玄宗天宝中后期，即天宝十载之后至安史之乱之前的数年内。这是大唐王朝焕发出最后的光亮的一段时间，是由盛而衰的分水岭。

《资治通鉴》二百一十六卷中，记载了这样两件事——

其一，天宝八载（公元749年）六月：

> 上命陇右节度使哥舒翰帅陇右、河西及突厥阿布思兵，益以朔方、河东兵，凡六万三千，攻吐蕃石堡城。其城三面险绝，惟一径可上，吐蕃但以数百人守之，多贮粮食，积檑木及石，唐兵前后屡攻之，不能克。翰进攻数日不拔，召裨将高秀岩、张守瑜，欲斩之，二人请三日期可克；如期拔之，获吐蕃铁刃悉诺罗等四百人，唐士卒死者数万，果如王忠嗣之言。顷之，翰又遣兵于赤岭西开屯田，以谪卒二千戍龙驹岛，冬冰合，吐蕃大集，戍者尽没。

其二，天宝十载（公元751年）四月：

> 夏，四月，壬午，剑南节度使鲜于仲通讨南诏蛮，大败于泸南。时仲通将兵八万，分二道出戎、巂州，至曲州、靖州。南诏王阁罗凤遣使谢罪，请还所俘掠，城云南而去，且曰："今吐蕃大兵压境，若不许我，我将归命吐蕃，云南非唐有也。"仲通不许，囚其使。进军至西洱河，与阁罗凤战，军大败，士卒死者六万人，仲通仅以身免。杨国忠掩其败状，仍叙其战功。……制大募两京及河南、北兵以击南诏。人闻云南多瘴疠，未战，士卒死者什八九，莫肯应募。杨国忠遣御史分道捕人，连枷送诣军所。旧制，百姓有勋者免征役，时调兵既多，国忠奏先取高勋。于是行者愁怨，父母妻子送之，所在哭声振野。

唐玄宗天宝年间，王朝最精锐的部队全部集中在西南边疆，应对吐蕃和南诏等少数民族。毕竟是太平日久，就算是王牌军队，其战斗力已远不如太宗帝横扫突厥之时。从上面两则史料可见，六万余众围攻数百人守卫的城堡，竟然需要付出数万性命才能达成目标；而八万人讨伐南诏，竟然损耗六万却毫无建树，主帅都差点儿葬身。

边疆告急，无可战之兵，只能求救于朝廷。只是，关中子弟已然在帝都的风花雪月中消弭了虎狼之勇，就算是还有少量的铁血儿郎，也因为对时局的清醒认知，不再愿意挺身而出，"慷慨赴国难，视死或如归"。

于是，抓壮丁成了大唐京都一带的一道另类风景。哪管你是否愿意冲锋陷阵，哪管你是否能够杀敌立功，只要你可以抵充一个兵员指标，只要你能够和其他被抓者一起，汇合成一支看似兵强马壮的十万大军。

当这支捆绑来的军队即将押送前线时，就算是天王老子，也不会滋生出"雄赳赳、气昂昂，踏平澜沧江"的战斗豪情。

## 二

这一时间段内，杜甫在忙什么？

当鲜于仲通的六万将士在南诏的崇山峻岭之中相继殒命时，40岁的杜甫在京城长安也正处于焦头烂额的境况中。大约是在五年之前，自信人生定能"临绝顶"而"一览众山小"的杜甫，怀揣着"致君尧舜上，再使风俗淳"的鸿鹄大志来到长安，本以为帝宫的大门会因为他的到来而欣然打开。但理想很丰满，现实却过分骨感。他先是参加科举考试遭逢了李林甫的"野无遗贤"而无法步入官场，后是投诗拜谒均石沉大海。在希望与失望的交集中，五年时光转瞬即逝。为了生存，杜甫"朝扣富儿门，暮随肥马尘。残杯与冷炙，到处潜悲辛"，全靠相识的达官贵人或亲友资助才得以饱腹。

天宝十载正月初八至初十，唐玄宗在太清宫、太庙和南郊举行了三场盛大的祭祀活动。杜甫看到了机会，连写三篇礼赋：《朝献太清宫赋》《朝享太庙赋》《有事于南郊赋》，极力为唐玄宗歌功颂德。三大礼赋托人献上之后，玄宗龙颜大悦，"使待制集贤院，命宰相试文章"。宰相李林甫奉旨"试文章"后，将杜甫"送隶有司、参列选序"，然后再无下文。杜甫白忙活了一场。

天宝十载的春日，杜甫创作了一首《乐游园歌》。在描绘了乐游原春日的美好景象以及原下曲江的热闹场景之后，杜甫转而慨叹"圣朝亦知贱士丑，一物自荷皇天慈。此身饮罢无归处，独立苍茫自咏诗"。杜甫"独立苍茫"时所咏之诗，非但不具备陈子昂"前不见古人，后不见来者，念天地之悠悠，独怆然而涕下"的沧桑辽阔的胸襟气度，就算是早些年的"读书破万卷，下笔如有神"的自信，也在尘俗的柴米油盐中被加工成无尽的困顿、迷茫。

天宝十载的秋日，杜甫患上了严重的肺病，又染上了疟疾。在《病后过王倚饮赠歌》一诗中，他这样描述自己的惨状："疟疠三秋孰可忍，寒热百日相交战。头白眼暗坐有胝，肉黄皮皱命如线。……遣人向市赊香粳，唤妇出房亲自馔。……但使残年饱吃饭，只愿无事常相见。"

天宝十一载三月，杜甫东归洛阳，短暂停留后返回长安。是年秋，哥舒翰返朝，幕僚高适随同返回长安。杜甫和高适、岑参在长安相聚。年末，杜甫创作了《奉赠鲜于京兆二十韵》，一方面为鲜于仲通歌功颂德，另一方面期盼鲜于仲通向新任宰相杨国忠推荐自己，但最终未果。

天宝十二载，杜甫继续困守长安。这一年，杜甫创作了诗歌《丽人行》，讽刺杨国忠一门权势。又作《投赠哥舒开府翰二十韵》，希望哥舒翰能将自己援引入幕，成为高适一样的高级幕僚，亦未果。

天宝十三载，杜甫入仕之念在屡遭碰壁后出现了些微改变。春日，他与好友郑虔时常聚在一起痛饮，创作了《醉时歌》："诸公衮衮登台省，广文先生官独冷。甲第纷纷厌粱肉，广文先生饭不足。先生有道出羲皇，先生有才过屈宋。德尊一代常坎坷，名垂万古知何用！杜陵野客人更嗤，被褐短窄鬓如丝。日籴太仓五升米，时赴郑老同襟期。得钱即相觅，沽酒不复疑。忘形到尔汝，痛饮真吾师……"诗歌看似在为才高八斗的郑虔鸣不平，其实何尝不是说的自己？

天宝十三载晚春，杜甫重游何氏山林，萌生出归山买田之念，在长安城内一个名叫下杜的地方购地置屋，并亲往洛阳移家来京。秋日，复又萌生入仕之念，作《上韦左相二十韵（见素）》，请求推荐，依旧未果。

天宝十三载冬日，京城食品匮乏，杜甫挈妇将雏迁往奉先安置。

天宝十四载初夏，杜甫投奔在白水担任县尉的舅舅崔顼。秋，随舅舅一同赴奉先县，探访夫人杨氏的本家奉先杨县令。十月，杜甫回到长安，终于被朝廷委以职位，授官河西县尉。杜甫不愿接受，随后被改授右卫率府胄曹参军。此后半年，安史之乱爆发。

# 三

由杜甫的上述经历及其同期创作的诗歌，大体可推测《兵车行》应该创作于天宝十三载至天宝十四载年间。其时，他在鲜于仲通和哥舒翰处均碰了钉子，自然也就不会在意这两个人的情绪。加之以两年内多次在长安、洛阳、白水、奉先之间走动，有足够多的机会接触到挣扎于社会底层的民众和兵丁。此外，生活的艰难、仕途的无望也加深了他对社会的观察与思考。这些，都使得《兵车行》的诞生拥有了足够充分的物质条件和精神准备。

与初唐、盛唐的边塞诗歌相比，《兵车行》最突出的价值，在于其抒情主人公不再是诗人自身功业情怀的化身，而是社会最底层的士兵。这些"去时里正与裹头，归来头白还戍边"的士卒，纵使经历了九死一生的磨难，也极难通过战争而实现封侯拜将的人生价值。对最底层的士卒而言，战争除了意味着生离死别，极少有喜剧色彩的故事发生。

经历了半生的颠沛流离生活的杜甫，在不惑之年后，显然已对底层人民在战争中承受的苦难有了相对清醒的认识。这样的认识，本质上看，应该源自杜甫自身的功业难成。他从自身的遭遇中，读出了太多的人生酸痛，并将这样的酸痛，推及普天下所有的底层人民。他以乐府诗歌的形式来表现这一严肃的主题，其用意也正在此。

诗句开篇处的"行人"一词，颇有意蕴。杜甫不言"士卒"而言"行人"，显然是有意识地强化出征者的特殊身份。联系杜甫稍后几年创作的"三吏三别"，可以发现，即将奔赴杀敌前线的这支队伍，并非训练有素的军中劲旅。出征者的身份，多为朝廷临时抓来的穷苦劳动者。以这样的出征者去应对血流成河的"开边"战争，每一个人的命运，从迈出家门第一步时便已确定。于是，"此地一为别"，便不会有来日的重逢，"生离"也即"死别"的开始。故而，接下来的各种痛楚，也就完全属于真实场景的客观展现。

借助于"道旁过者"和"行人"间的对话，杜甫以"点行频"三字，领出了诗歌主体部分的全部陈述。这三个字，既是万千家庭骨肉分离的直接原因，又和下文的"边庭流血成海水，武皇开边意未已"这一根本原因遥相呼应。这就将矛头直指王朝最高统治者。当然，杜甫在诗歌中玩了一个小花招。明明是他自己想要讽喻朝政，却不在诗歌中直接抒情议论，而是以主客问答的方式，借"行人"之口表达内心的真实想法。此处，"行人"所说的这些话，自然不会是寻常之人能够说出的。这个侃侃而谈的"行人"，其实并不属于这支即将出征的队伍，而是诗人自身。也就是说，杜甫不过是由眼前的生离死别的场景，解读出了一个王朝由盛到衰的全部惨痛，并借"行人"之沉痛诉说，抒发胸中郁积已久的愤懑之情。

接下来描绘的"千村万落生荆杞"的荒凉、"生女犹得嫁比邻，生男埋没随百草"的绝望、"新鬼烦冤旧鬼哭，天阴雨湿声啾啾"的阴森恐怖，均可以理解为过去、现在和未来的超时空结合体。杜甫勾勒这样的画面，其目的显然在于渲染战争的残酷。无论是何种性质的战争，对于最底层士兵以及他们的亲人而言，绝大多数时候，收获的都是绝望与毁灭。一将成名万骨枯，哪一位杰出将领，能不将自己的功劳建立在千万人殒命的基础之上？

"兵车行"是杜甫自创的乐府新题。舍弃自身最擅长的格律诗不用，而以乐府诗歌的方式来抒写离乱之情，一方面可能是因为乐府诗歌便于铺陈叙事，有利于更好地描绘现实生活场景；另一方面更可能是因为自古以来乐府诗歌便承载了讽喻王朝政治的教化责任，以这样的形式给王朝最高统治者提意见，容易被统治集团接纳。作为饱读圣贤书的一代诗圣，杜甫的骨子里始终渗透着"修身、齐家、治国、平天下"的责任意识和担当精神，自然也就不会面对民生疾苦而置若罔闻。


四


应该是在相同的时间段内，一向不食人间烟火的诗仙李白也把视线锁定了现实人生中的此种惨剧。在《古风》（三十四）中，李白少见地采用了现实主义的手法，描绘了将士出征时的凄惨景象：

羽檄如流星，虎符合专城。喧呼救边急，群鸟皆夜鸣。白日曜紫微，三公运权衡。天地皆得一，澹然四海清。借问此何为？答言楚征兵。渡泸及五月，将赴云南征。怯卒非战士，炎方难远行。长号别严亲，日月惨光晶。泣尽继以血，心摧两无声。困兽当猛虎，穷鱼饵奔鲸。千去不一回，投躯岂全生。如何舞干戚，一使有苗平。

李白从紧急的军情开始写起，通过精选的场景，渲染了紧张、恐慌的战争气氛。接着转换镜头，描绘朝廷中安宁平和的景象。再以"借问此为何？答言楚征兵"的设问，引出真正想要描绘的生离死别的出行场景。最后以"如何舞干戚，一使有苗平"收拢全诗，表达出偃武修文、实现清明政治的美好愿望。应该说，李白的诗歌中也有批判，但批判得过于含蓄。

《兵车行》则是一针见血地指出了灾难形成的根本原因。当杜甫将"武皇开边意未已"落实为"点行频"的根源时，他显然把"为尊者讳"抛到了九霄云外。杜甫由眼前的"牵衣顿足拦道哭"不但遥想到"无人收"的累累白骨，想到了"新鬼烦冤旧鬼哭，天阴雨湿声啾啾"的阴森恐怖，而且延展出"信知生男恶，反是生女好"的反常价值取向，描绘出"千村万落生荆杞"的人间惨境。这样的内容安排，显然有一种"舍得一身剐"也要说真话的悲壮情怀隐藏其中。如果没有经历过太多的悲惨生活，没有感同身受的生命体验，杜甫哪里来的勇气为这个扭曲的时代发出如此铿锵有力的生命呐喊。

<h2 style="text-align:center">五</h2>

作为一篇传统课文，《兵车行》在教学中需要关注哪些内容呢？

要真正走进文本的内核之中，至关重要的教学法是反复诵读。此类主旨厚重的作品，适宜于默读或低声地反复吟诵，切不可采用分角色朗诵的形式开展课堂活动。要知道，中学生的理解力终归有限，分角色朗诵的结果，往往是将厚重主题娱乐化。

《兵车行》中的主客问答，是教学中常常被忽视的一个信息。古典文学中，以西汉大赋为代表的赋体散文时常采用主客问答的形式叙事、写景、状物或议论。此种技法，在苏轼的《赤壁赋》中依然采用。主客问答中，主与客并非两个真实的行为主体，更多情况下，是一实一虚的两个"我"。《兵车行》中这位具有敏锐的政治洞察力和丰厚的悲悯情怀的"行人"，显然不可能是"我"从出行队伍中随手抓出来的一位普通戍卒。杜甫只不过是将自己一分为二,让一个"我"容身于壮丁行列之中,另一个"我"则置身路旁观察询问。有了这样的安排,冷眼旁观与感同身受便都有了思想和情感的扎根基础。

# 《酬乐天扬州初逢席上见赠》:"沉舟"何处觅豪情

巴山楚水凄凉地,二十三年弃置身。怀旧空吟闻笛赋,到乡翻似烂柯人。沉舟侧畔千帆过,病树前头万木春。今日听君歌一曲,暂凭杯酒长精神。

针对《酬乐天扬州初逢席上见赠》"沉舟侧畔千帆过,病树前头万木春"句所体现的情感,学界向来争议不断。大体上看,目前主要有以下几种观点:

第一,在大部分的诗歌鉴赏辞典中,"沉舟""病树"二词被看作是刘禹锡的自比。认为他虽为现在的处境感到惆怅,却拥有一份旷达的胸襟。在"沉舟"侧畔,无数的新船正扬帆起航;在"病树"周围,众多的树木正蓬勃生长。他用这两句话来安慰白居易,体现了他对世事的变迁和仕宦升沉的豁达,因此,人们将这句诗看作是整首诗的情感升华之处。

第二,现代中学生常用的教辅资料中的解读,往往是这样的:这两句诗表面是写自然景物的变化发展规律,其实是暗示了在整个社会中,个人身份的沉沦其实算不了什么,历史的车轮总是在前进,新事物总要取代旧事物,未来肯定会比现在好。

第三,是中学课堂上教师最常教给学生的一种解读:沉舟旁边,千帆竞发,病树前头,万物争春。作者运用了比喻的手法,将"沉舟""病树""千帆""万木"都赋予了新的意义。"沉舟"和"病树"即是被贬谪的自己与友人,"千帆"和"万木"则是仕途春风得意的新贵们。在我们存在的整个社会中,没落、腐朽的事物必然是存在的,但是这种存在丝毫不能阻挡历史车轮的前进,终会有更进步的、更新鲜的事物会在废墟旁发展起来。

对上述三种观点进行总结之后不难发现,虽然出发点不同,语句表达方面也各有千秋,但它们的中心思想是基本统一的,全是为了表现出刘禹锡的宽广胸襟和其积极向上、充满豪情的生活态度，并用以激发人们对美好新事物的向往和努力前进的信念。

但是细细想来，"沉舟侧畔千帆过，病树前头万木春"一句真的体现的是豪情吗？刘禹锡真的是在为朝堂中的新贵们"千帆竞发""万木争春"的"喜庆热闹"而心甘情愿地以"病树""沉舟"的身份独自寂寞？倘若果真如此，刘禹锡岂不是不辨良莠、丧失自我？须知，刘禹锡对朝堂新贵向来瞧不上眼，又怎么会为他们的竞相登上高位而欣慰？所以，诗歌中的这句话，绝不应该是所谓的乐观与豪情，只能是满满的自嘲与讽刺。沉舟旁有千帆竞发，病树前有万木争春，既然如此，那么沉舟和病树还能做什么？用朱自清先生在《荷塘月色》中的一句话而言，就是"热闹是它们的，我什么也没有"。在"世胄蹑高位，英俊沉下僚"的政治环境中，高儒俊才们只能是怀才不遇、满腹怨愤，从不会因为自己被排挤、被罢黜而乐观旷达。

一

刘禹锡从小学习各类儒家经典，聪慧勤奋，入仕之后，也一路较为顺遂。十年之内，由小小的太子校书擢升为监察御史，可谓是平步青云、春风得意。当时的他，深得当权者的信任，被邀请一道参与改革弊政，革新政治。这样的际遇使得当时的刘禹锡充满了少有所为的志得意满与一往无前的冲天豪情，而这种性格也直接反映在他当时的诗作中。类似"马思边草拳毛动，雕眄青云睡眼开。天地肃清堪四望，为君扶病上高台"（《始闻秋风》）、"莫道谗言如浪深，莫言迁客似沙沉。千淘万漉虽辛苦，吹尽狂沙始到金"（《浪淘沙》）之类的诗作，全都透露出一种豪猛风爽的性格特点，大有"广阔天地，大有作为"的胸襟气度和"真金不怕火炼"的自信。

然而，刘禹锡之后的一切不幸遭遇，也是起源于他的此种性格。他所在的改革集团在执政期间采取了一系列具有进步意义的措施，虽然促进了国家的发展，但由于改革的措施可能偏于猛烈，严重触犯了藩镇、宦官和大官僚们的利益，在保守势力的联合反扑下，很快宣告失败，执政者倒台，刘禹锡也被贬官外放。

初次被贬，刘禹锡的性格中仍然充满了"豪猛"之情和"森然"之气。这一阶段产生的众多诗作，都包含着非常明显的怨愤不平，富含讽刺奸佞、感叹不公的情感元素，比如说《飞鸢操》《聚蚊谣》等。

在朗州蛰居近十年，刘禹锡才被朝廷"以恩召还"，回到长安。然而不改"豪猛"性格的他，在京郊玄都观赏桃花时，又写下了《元和十年自朗州至京，戏赠看花诸君子》（紫陌红尘拂面来，无人不道看花回。玄都观里桃千树，尽是刘郎去后栽！），这首诗的出现，将他的人生再次推入低谷。朝中官员有人举报他语涉讥讽，于是，回京不到半年的刘禹锡再次被贬出京。

在连州的日子里，刘禹锡的性格有了比较大的改变，他不再日夜思念长安，也不像以往那样愤世嫉俗，类似《飞鸢操》《聚蚊谣》的诗作再也没有出现过。这段时间内他的代表作，是在得到平藩胜利的消息后所作的《平蔡州三首》《平齐行二首》，虽然两组诗的出现相隔了一段时间，但均表现了他对胜利的喜悦，同时也描绘了他理想中的未来，寄托了对前途的美好期待。然而，如果我们仔细阅读这些诗作，也不难看出在这兴奋之情下掩盖的失落，远居偏州、壮志难酬、母亲病逝，残酷的现实一点一点地蚕食着他生命中的豪情。

长庆元年，朝廷再度启用刘禹锡为夔州刺史，然而此时的他已经看清了掌权者昏庸的本质，对于自己的政治生活也不再充满期待。因此，他创作的重心在这一时期产生了明显的改变。夔州期间，几乎所有的诗词都只是他自身平静生活的再现，他越来越关注自身，关注身边的人和事，而那个遥远的朝堂对诗人的影响也就越来越小了。

长庆四年，刘禹锡自夔州刺史改任和州刺史，在和州的大约三年时间里，他的创作已经完全集中于赠别诗、唱和诗、怀古诗和咏物写景诗这几类，内容中也总是透露出一种年华老去的伤感和落寞，代表作如《石头城》《望夫石》《乌衣巷》等等。

宝历二年，刘禹锡终于奉调回洛阳，结束了长达23年的贬谪生活。同时，白居易也从苏州返回洛阳，二人相遇于扬州，白居易在宴席上作诗赠予刘禹锡，刘禹锡也写诗作答，即是《酬乐天扬州初逢席上见赠》。

结合诗人整个的人生际遇来看，此时的刘禹锡已经由充满雄心壮志的青年变成了白发苍苍的老人，他的心境也由满是豪情转变为了平淡和无奈。蛰居在外 23 年，满头青丝变白发，当初的雄心壮志终被时间磨平，一辈子的抱负都为无耻小人所拖累，回首往事，刘禹锡也只能自嘲为"沉舟""病树"。

## 二

白居易赠予刘禹锡的诗名为《醉赠刘二十八使君》，"为我引杯添酒饮，与君把箸击盘歌。诗称国手徒为尔，命压人头不奈何。举眼风光长寂寞，满朝官职独蹉跎。亦知合被才名折，二十三年折太多"。

这首诗是白居易对刘禹锡长达 23 年的坎坷遭遇表现出的感慨和不平。诗歌的首联，由眼前之事说起，语言平实，符合白居易追求的平白如话的风格。颔联"诗称国手徒为尔，命压人头不奈何"，既充分赞美了刘禹锡才华横溢、堪称国手的诗歌成就，又对刘禹锡 20 多年屡遭坎坷的人生际遇报以深切的同情与无奈。这句诗表面上说的是命运的不可逆转，但是仔细想想，造成诗人这种命运的实际上正是他一心想报效的朝廷。颈联"举眼风光长寂寞，满朝官职独蹉跎"，是引发"沉舟侧畔千帆过，病树前头万木春"的关键。在白居易的眼中和心中，眼下的朝堂，看似满目风光、人才济济，实则庸官无数，贤臣寥寥。真正的良将贤臣，却只能在贬谪之地寂寞生存，蹉跎岁月。这句诗，既是说的刘禹锡，也是说的白居易自己，还有所有如他们一样胸怀为国为民之志却不得不"处江湖之远"的迁客骚人。尾联"亦知合被才名折，二十三年折太多"的要点在于"才名"。白居易将刘禹锡的人生坎坷归结为"合被才名折"。这样的归纳，看似只诉说的个案遭遇，实则在批判一个病态化的社会与时代。人因为有了才名，便不得不屡遭挫折，那么，朝堂上的得势者，又会是些什么样的人呢？

白居易的诗，一定会在刘禹锡的心中掀起浪涛。只是，经历了 23 年的风吹雨打，刘禹锡业已修炼成了喜怒不形于色的生存技能。在这样的情况下，刘禹锡回赠了《酬乐天扬州初逢席上见赠》这首诗："巴山楚水凄凉地，二十三年弃置身。怀旧空吟闻笛赋，到乡翻似烂柯人。沉舟侧畔千帆过，病树前头万木春。今日听君歌一曲，暂凭杯酒长精神。"刘禹锡既要对白居易的关切作出必要的应答，又要表现出一代诗豪内心的坚韧和不屈服，便只能以一种反讽和自嘲，来倾诉 23 年的愤懑与不平。是的，在那样凄凉的地方空等了 23 年，最好的年岁都被浪费了，而且这种浪费并不是因为诗人不求上进，不愿努力，而是被残酷的现实逼迫，那个争权夺利的朝堂让刘禹锡失去了太多的东西，因此他对再回那里已经不像被贬之初那样拥有强烈的渴望了。更重要的是，诗人清楚地意识到自己老了，"沉舟侧畔千帆过，病树前头万木春"，在他默默老去的这段时间，庙堂之上，新人辈出，属于他的那个时代早已结束了，留下的只是无限落寞和无奈，而他也只能凭借手中的这杯酒去忘却忧愁了。

三

说到刘禹锡被贬官下放，就不得不提到两首诗——《元和十年自朗州至京，戏赠看花诸君子》和《再游玄都观》。

《元和十年自朗州至京，戏赠看花诸君子》是他二次被贬的最直接的导火索，"紫陌红尘拂面来，无人不道看花回。玄都观里桃千树，尽是刘郎去后栽！"从表面上看，这首诗写的是花及看花人，"再就此诗骨子里面的，即其所寄托的意思来看，则千树桃花，也就是十年以来由于投机取巧而在政治上愈来愈得意的新贵，而看花的人，则是那些趋炎附势、攀高结贵之徒。他们为了富贵利禄，奔走权门，就如同在紫陌红尘之中，赶着热闹去看桃花一样。结句指出：这些似乎了不起的新贵们，也不过是我被排挤以后被提拔起来的罢了。他这种轻蔑和讽刺是有力量的，辛辣的，使他的政敌感到非常难受。所以此诗一出，作者及其战友们便立即受到打击报复了。"[1]

《再游玄都观》可以说是《元和十年自朗州至京，戏赠看花诸君子》的后续篇："百亩中庭半是苔，桃花净尽菜花开。种桃道士归何处？前度刘郎今又来。"前后相隔 14 年，诗人再回玄都观，以一种完全不同的心情看完全不同的景象，再也没有熙攘的人群，再也没有艳丽的桃花，有的只是无尽的

---

① 余平伯等：《唐诗鉴赏辞典》，上海辞书出版社，2013 年版，第 917 页。

落寞。正如诗人的一生，曾经陪伴他一起改革的同伴，曾经打击压迫他的权贵，全都随时间而去，只有诗人自己几经宦海沉浮，依然回到了长安。

对比两首诗，虽然其中的铮铮傲骨不改，斗争精神犹在，但是感情已经有了变化，"这两首诗，如果从'王叔文'案算起，前后经历了二十几年的时间。其间，世事沧桑，人事变化，诗人人生之路上最美好的时光也逝去了。"[①] 诗人在《元和十年》中对当权者的不满，对追名逐利的官吏的讽刺保留了下来：当年那些陷害他的小人在哪里呢？他们早已消失在岁月的长河中，而诗人，那个"前度刘郎"今天又回到这儿来了，这是对当年那些事最赤裸裸的讽刺，也是刘禹锡铮铮傲骨的体现。但是诗人毕竟老了，他已经不想再参与到朝堂纷争之中，那份豪情壮志已化为满腔的寂寥。

《酬乐天扬州初逢席上见赠》写于《再游玄都观》之前，此时的刘禹锡奉召回洛阳而不是长安，前途究竟如何也尚且茫然，并且经过这么多次的浮沉，想必诗人自身对当权者也不是很有信心，所以"沉舟"一句的感情应该更偏向于自嘲及讽刺。

## 四

今人之所以会对"沉舟侧畔千帆过，病树前头万木春"形成多种误读，究其原因，无外乎下面两点：

其一，以人论诗。很长时间以来，学界已经习惯了"知人论世"的学术主张。鉴赏一首诗歌时，总要先从诗人的人生观、价值观出发，以诗人的一贯性思想来推定某首具体的诗歌。这样的方法，总体上看或许行之有效，但具体到特定情境下的作品，往往容易出现误读。因为就算是再伟大的灵魂，也会有片刻的犹豫、苦闷，而诗歌，恰恰多是这些独特情感灵光一闪的产物。

其二，先入为主。眼下围绕"沉舟侧畔千帆过，病树前头万木春"句解读中出现的各种释义，多是建立在 20 世纪五六十年代有关该句意义阐释

---

① 边永朴：《几度宦海沉浮，一生铁骨铮铮》，《湖北招生考试》，2012 年第 17 期。

的基础之上。那个特定的年代，人们面对千疮百孔的国家，开始了重建家园的艰难行动。那时，人们需要有一种精神的支撑，需要看到破败背后隐藏着的希望和未来，所以，人们乐意于用"沉舟""病树"喻指被摧毁的旧时代，用"千帆竞发""万木争春"来描绘即将建立起来的新时代。人们用这样的比喻来表达对旧事物灭亡、新事物诞生的必然性的价值认同。可以说，此种解读，属于特定历史时期的故意性误读。所形成的意义，其实与刘禹锡无关，与《酬乐天扬州席上初逢见赠》亦无关。故而，"沉舟侧畔千帆过，病树前头万木春"被作为成语而单独列入中小学生日常使用的《成语词典》中。《成语词典》中的释义，是这个成语本身的字面意义，并非它作为一首诗歌中的一联而拥有的语境意义。

五

经过对《酬乐天扬州初逢席上见赠》中"沉舟侧畔千帆过，病树前头万木春"一句的情感探讨，我们不难发现，如果想要探寻到作者在创作时的内心情感，那么一定要摒弃"因人定调"的做法，不能因为作者大多数作品的风格是某一个样子，就认定所有的作品情感都不会有变化，这是一种明显错误的想法。每一篇创作都有它特定的背景氛围，一旦脱离了这种氛围，就很容易变成"因人定调"了。

并且，《酬乐天扬州初逢席上见赠》是一篇酬答诗，诗人在创作时必然会借鉴到白居易诗歌的情感，所以我们在指导学生学习这首诗时，应做到"合纵连横"，既要考虑刘禹锡本身所处的环境，也要结合白居易的诗，懂得从侧面探究。

# 《蝶恋花》：帘幕后的那一个"我"

　　庭院深深深几许，杨柳堆烟，帘幕无重数。玉勒雕鞍游冶处，楼高不见章台路。

　　雨横风狂三月暮，门掩黄昏，无计留春住。泪眼问花花不语，乱红飞过秋千去。

　　这首《蝶恋花》，在中学语文教科书中被解读为闺怨之作。相关资料认为，该词含蓄蕴藉，婉曲幽深，耐人寻味。不但描绘出庭院的无比幽深和女主人公被禁锢而与世隔绝的悲凉，而且借助"落红"这一典型意象，暗示了女主人公灵魂饱受摧残、生命只能在寂寞中枯萎凋谢的悲剧性命运。

　　仅从该词的字面意义理解，这样的解读具有一定程度的合理性。将此内容放在特定的时代背景下，和同时期的其他词人的类似词作相比，也似乎拥有主题表达上的一致性。当时的文坛领袖晏殊，就填写了大量的闺怨词。

　　然而，欧阳修真的只是在为这高楼深处的女子鸣不平吗？且不说这样的女子与欧阳修有何关联，就算是从最基本的人情人性出发，一向以"与民同乐"为价值诉求的醉翁，似乎也不会把注意力锁定在王公贵族的大宅院中，去为一个八竿子也打不着的女子申诉爱或被爱的权利。欧阳修真正想说的是什么？要解开这个谜底，先要从词的发展演变中寻找钥匙。

一

　　词在中唐时期，本不是"诗余"的身份。白居易的《忆江南》，抒写的完全是词人内心的真情实感。张志和的《渔歌子》也只是借渔夫形象的塑造来表达自身的价值追求。即使是以写同情妇女的诗歌而著名的王建，其词作《调笑令》也是以自我价值作为分析评价的出发点，侧重于呈现自身的价值认知。至于刘禹锡的《竹枝词》则更是完全等同于诗歌，不但可以用来写景状物，还可以用来抒情言志。

将词的内容与情感从词人自身生活中剥离出去，使其只沦为他人的风花雪月中的闲愁，是晚唐特定时势的必然。通观历朝历代的文学发展可知，但凡欣欣向荣的时代，文学必然以讴歌自身的奋斗追求为主旋律；一旦进入乱世，文人们仕途无望，生命朝不保夕，其文学创作便多流于颓废，侧重于玄言空谈，抒写虚幻缥缈的情绪。晚唐的动荡彻底割断了底层文人向上攀爬的仕宦之途，将众多求功名而不得的书生送到了茶楼酒肆、勾栏妓院之中，让他们拥有大量的时间接触被损伤、被侮辱的女性，于是，以女性为主角的词作才开始流行，并逐渐成为文人词的主流。

宋初，轻武重文的政治风向为花间派的跨朝代延续提供了相对广阔的生存空间。比较北宋初期和初唐这两个特殊的时代，我们可以发现一个极为有趣的现象。初唐犹如一支被逐渐拉开的强弓，每一个文人都是弓弦上待发的箭，时刻等待着破空而出，射向远方那闪耀着光芒的明亮目标。北宋初期却是一支曲，每一个文人都咿咿呀呀哼唱着它，摇头晃脑，志得意满，虽是初生，却已老态龙钟。以初唐四杰为代表的初唐文学，和初唐四杰一样年轻，充满朝气；以晏殊为代表的北宋初期文学，和晏殊一样暮气沉沉，缺乏新意。

就像今天读惯了所谓的满分作文、写惯了应试的考场作文的人无法适应真正的经典著作一样，北宋初期的文人们大多是读着、写着花间派词作而一步步成长起来，其词作必然难以挣脱花间派的束缚。然而，总有一些生性叛逆的人，不愿意沿着前人铺设的道路前行，而是希望走自己的路，寻觅一方不一样的创作空间和生存空间。我认为，欧阳修属于这种性格。

欧阳修之前，花间派一统江湖的晚唐，韦庄不是已经走出一条自己的词作创作之路了吗？南唐的冯延巳和李煜，也在形式与内容上对花间派进行了革新。与欧阳修同时代的范仲淹，也将边疆生活中的金戈铁马纳入了词作中。致力于诗文革新的欧阳修，又怎么会甘于因循守旧，只沿着前辈们的平庸之路款款而行？

欧阳修必然会对词的创作进行革新，而革新必然先从词的内容与主旨开始。

二

这首《蝶恋花》创作于哪一年，我没有查到相关资料。依照我从该词中读出的隐藏信息，应该是填于欧阳修被贬出京之后。

让我们先大致梳理词作的表层意义——

词作上片由两个层次构成。第一层以写景为主，借助于三个"深"和一个"无重数"，描绘出大宅院中高墙林立、院落幽深的景象。此处虽未写人，抒情女主人公却已隐身"无重数"的帘幕之后，被深深的庭院和堆烟的杨柳虚化成一个若隐若现的形象。第二层以写人为主，"玉勒雕鞍游冶处"写的是男主人公的风流形象，"楼高不见章台路"写的是独倚高楼的女主人公的寂寞形象。两个形象形成鲜明对比。

词作下片也由两个层次构成。前一层先写景后写心情，后一层先写动作行为后写景象。其中，前一层中的"雨横风狂"语带双关，既可以理解为实写暮春三月的横雨狂风，也可以理解为女主人公内心陡起的狂风暴雨。从上片的"玉勒雕鞍游冶处"看，该句中的风雨，更多应该指向女主人公的内心。

下片第一层中的"掩"是一个极富生活情趣的词汇。比较一下，如果写成"门锁黄昏"或者"门栓黄昏"，会是一种什么样的阅读感受？"锁"与"栓"是一种主动地隔绝和防范，"掩"则是一种无奈之中的期盼。房门虚掩，不正是等候着那个浪荡游子随时归来吗？

"无计留春住"的"春"也是值得反复玩味的词汇。春，最浅层意义是春天。暮春三月，美好的春天即将逝去，纵然是有万千美好，也无法留住。春的第二层意义，是青春容颜和青春年华。女主人公在日日寂寞中悲伤于如花的容颜，一点点褪去了鲜亮的色彩，想要留住它，却又无计可施。春的第三层意义，是夫妻琴瑟和鸣的美好生活画卷。那种春风骀荡的温暖与恩爱，就像这即将过去的春天一样无法挽回，只是，大自然还有四季轮回，人生却仅有一个春日。这样的逝去意味中永远的别离，又怎么不悲从心来！

下片第二层，女主人公因悲而落泪，因无计留春而问花，可惜人有情而花无情，或者是花虽有情却找不到慰藉女主人公的适宜话语，花便只能无语。此处的"秋千"是个颇有深意的意象。乱红飞过秋千，乱的是"红"，还是女主人公的心？个中感受，秋千知道，女主人公也知道。此刻的"秋千"在暮春的风雨中静默，或许是一年前，或者是数年前，女主人公曾坐在秋千上，由男主人公推着荡向空中，那时，女主人公像轻盈的燕子穿梭在落英缤纷的庭院中，花美人更美。

三

词作还有其他的深层意义吗？我认为，品读欧阳修的词作时，绝不能仅只停留在就词论词的表象意义层面，而应该将词作内容和其政治主张、文学主张以及人生际遇联系起来，将词作中的抒情主人公同欧阳修自身形象进行叠加，才能更好地体察表象背后的真实写作目的。

《蝶恋花·庭院深深深几许》便是一首需要进行意义叠加的抒情作品。表面上看，词作以委婉细腻的笔触，精心勾勒出一个身居深闺、空对美好春光、内心极为孤独与寂寞的怨妇形象。这个抒情主人公，有着优越的物质生活环境，也拥有着如花的青春、丰富的情感，却遗失了甜蜜的爱，遗失了曾经的欢声笑语，只留下无边无际的幽怨，弥散在这不知有多少层的深宅大院之中。

然而，倘若只将该首词作看作一篇"只关风月"的花间派风格的作品，则未免过于小看了欧阳修。身为北宋政坛与文坛的双料领军人物，欧阳修在政治、经济、文学等诸多方面都体现出了鲜明的革新精神，又岂会唯独在词的创作上死守风花雪月一类的庸凡而不思变革？

如果我们转换视角，从比兴的角度换位解读，便能够读出一种新的意义：

这"杨柳堆烟，帘幕无重数"的深深庭院，是否便是那永远也看不明白的皇室宫阙？这"玉勒雕鞍游冶处"的无情浪子，是否象征着那变化无常、率性而为的君王？这"雨横风狂"的"三月暮"，是否正是朝堂之上陡然而生的政治风雨？这"门掩黄昏，无计留春住"的佳人，是否正是渴望着建功立业却无端遭遇冷落的诗人自身？

这样思考时，欧阳修展现在我们面前的，就不再只是一个怨妇的喃喃自语，而是一个时代的沉痛悲吟。欧阳修就像词作中的少妇一样，当初满怀着憧憬步入朝堂，希望能够竭尽全力，做一番"治国、平天下"的大事业，却没想到王朝最高统治者不过是个轻浮浪子，政治蜜月期一过，便开始见异思迁，空留下满怀抱负的欧阳修，独对着日渐流逝的大好年华却只能独自哀痛。人生能有几段这样的大好时光呢？就如眼前这美好的春光，一场凄风苦雨便能够将姹紫嫣红的满园春色吹落而去。欧阳修念及自己的人生理想和政治追求，难免会心中滋生出浓郁的悲凉和巨大的失落。但欧阳修不能也不敢将这样的不满，用直抒胸臆的文字表达出来，便借助了这闺中怨妇的幽叹，抒一代名臣的心中哀伤。

当然，如果只将该首词作视作一首常见的闺怨作品而进行浅层次的品读，也并非曲解了欧阳修的创作意图。毕竟，任何一种文学形式，其创作出的形象越具备多元解读性，作品的内涵也就越显丰厚。所谓"一千个读者的心中有一千个哈姆雷特"，正是这样的多视角解读的结果。

四

如果用一个课时教学这首词作，教师可以引领学生学习哪些知识呢？

首先，这首词作不适宜作为朗读教学的资料。教学中，只需要安排学生默读或低声吟诵。

其次，无须对欧阳修其人作宏观性介绍，因为初中阶段已经学习过《醉翁亭记》。语文教学中的作者简介，一定要对文本理解构成必要的帮助，否则就大可不必设置此教学环节。

最后，不必在授课之初就将作品定性为闺怨词或者象征意义的词。教师只需要引导学生一步步走进词作的意象之中，一点点品味字里行间的情感体验。水到渠成之后，再引领学生读出文本中的闺怨成分，然后通过合理的点拨，带领学生读出词作背后的那一个"我"。

# 《定风波》：得大境界者有大人生

【序】三月七日，沙湖道中遇雨。雨具先去，同行皆狼狈，余独不觉，已而遂晴，故作此。

莫听穿林打叶声，何妨吟啸且徐行。竹杖芒鞋轻胜马，谁怕？一蓑烟雨任平生。

料峭春风吹酒醒，微冷，山头斜照却相迎。回首向来萧瑟处，归去，也无风雨也无晴。

如果这个世界只允许留下一首诗歌，我将毫无悬念地推荐苏轼的《定风波》。苏东坡是否果真如他人评述的那样有趣，我无从考证。但这首《定风波》中的情趣，却永远是常读常新。

《定风波·莫听穿林打叶声》的字面意义，词前小序中已经言明，似乎再无探究的必要。唯一值得斟酌的，是"狼狈"一词。在"雨具先去"的情况下，所有人都共同沐浴了风雨的洗礼，为何"同行皆狼狈，余独不觉"呢？答案只有一个：同行之人定然是在风雨中想方设法保护自己，结果反而是手忙脚乱、顾此失彼；苏轼却气定神闲地迎接风雨的到来，这便有了一种独特的气度，也就不觉得狼狈。

词作的隐语意义，却似乎无穷无尽。作为中国文学史上最具豁达情怀的一首词作，《定风波》从其诞生之日起，就注定了它的身份将不再只是苏轼在特定时间、特定地点下的人生感触，而是亿万人的灵魂栖居地和精神避难所。近千年来，不同身份、不同地位、不同价值观甚至敌对阵营中你死我活的双方，都能够从这首《定风波》中，解读出只属于他自己的人生情怀。这样的情怀，或许跟苏轼的原初意义早已大相径庭，却依旧能够给逆境中的人们以情感的疗救和行为上的支持。

一

《定风波》的诞生，有偶然，更有必然。

说它偶然，首先是因为恰好有那么一天，苏轼遭遇了这场春雨。更重要的是，这雨又不像其他年月中的春雨那样"像牛毛，像花针，像细丝，密密地斜织着"，而是如夏日的暴雨，突然而来，又突然而去，既让东坡居士体察到了春雨的寒凉，又让他观赏到了雨后山头斜照的美景，这才催生出这首不朽的作品。

说它偶然，还因为特定的人生体验。苏轼一生中被淋成落汤鸡的机会绝不会只此一次，但只有黄州的这场雨才能滋养出《定风波》。而且，就算是身处黄州，如果这场雨和这次行走提前了两年，或者推迟了两年，也无法诞生这样的杰作。它必须是苏轼走出了"乌台诗案"的阴影后的生命顿悟。刚到黄州时，他只能创作《卜算子·黄州定慧院寓居作》那样的作品。离开黄州后，已然大彻大悟的他也不会再创作这样的作品来充当自我救赎的良药。

但它又是必然的。融儒佛道等多家思想为一体的苏轼，即使在遭遇了灭顶之灾后，也不会舍弃了生命中的那份豁达与纯真。作为中国历史上最为乐观洒脱的文人，他以超凡脱俗的才华和一以贯之的率真多情勇敢地迎接了上苍赐予的一切，并想方设法使其转换为生命的正能量。从他以戴罪之身踏上黄州的第一天起，他便开始全方位思考人生的价值意义，努力寻找让心情真正安宁的药方。他开始钻研佛理，与庙中和尚同食同宿；亦开始探胜寻幽，借大好河山消解心中块垒。死里逃生的人生经历、秀美的山川风光、淳朴的乡野人情、博大精深的宗教教义，为他提供了抵抗恐惧、化解怨愤的疗伤圣药。有了这些，《定风波》便早已飘荡在黄州的山山水水间，只等机缘巧合，立刻借助苏轼的大脑降临多灾多难的人间。

# 二

《定风波》诞生的前两年，苏轼创作了《卜算子·黄州定慧院寓居作》——

> 缺月挂疏桐，漏断人初静。时见幽人独往来，缥缈孤鸿影。
> 惊起却回头，有恨无人省。拣尽寒枝不肯栖，寂寞沙洲冷。

这首词作，诞生于苏轼刚被贬到黄州时。其时，陪伴着苏轼的，除了恐惧，便是孤独。恐惧，来自命运的不可知；孤独，来自"谁知我心"的认同感缺失。

这首词作中，苏轼塑造了"幽人"与"孤鸿"两个形象。这两个形象加上苏轼，构成三者合一的整体。"独往来"的幽人，缥缈的孤鸿，遭贬谪的苏轼，在这"缺月挂疏桐，漏断人初静"的寒夜，组合成了一幅"前不见古人，后不见来者"的特立独行图。是什么样的原因，让三者都长夜难眠呢？答案在下片中很快揭晓：拣尽寒枝不肯栖。孤鸿不肯栖于寒枝，宁愿选择寒冷寂寞的"沙洲"；幽人不肯苟且于流俗，便只能行吟于月下；苏轼不肯舍弃了自我，也就只能独守了一份操守，孤独地凝视人生。

"惊起却回头，有恨无人省"两句中，"惊起"呈现的，更多是一种现实，而非一种心情。高洁的孤鸿，因不愿栖身寒枝而自动选择了沙洲，却无端被人惊起。这样的"惊起"，便有了被侵犯和被骚扰的色彩。那么，会是什么样的人，用什么样的行为"惊起"这只身栖于沙洲的"孤鸿"呢？这便让熟悉"乌台诗案"背景的读者立刻联想到了李定、舒亶等宵小之徒。

这样的"惊起"，显然超乎孤鸿的想象力，故而，孤鸿的心中，便有一种深深的遗憾涌起。这样的遗憾，不是仇恨，不是绝望，不是无助，只是"无人省"的孤独。孤鸿因为无人省察自身的高远追求而"恨"，更会因为自身的高洁情怀蒙受污泥浊水的羞辱而"恨"。

然而，这样的"恨"，并不构成孤鸿、幽人以及苏轼内心中的仇恨，甚至不构成人生的挫败感。面对屡屡让自己处于"惊起"状态的宵小之徒，苏轼并不选择"以眼还眼，以牙还牙"，而是选择"寂寞沙洲"。这样的选择，或许多多少少有点儿"惹不起，躲得起"的无奈，更多的，却只是不屑。

当生命进入这样的境界时，割肉饲鹰，舍身喂虎等行为，便都能够出现。只是，凡俗中挣扎着的芸芸众生，哪里能读懂这些行为背后的生命大境界呢！

三

电视节目《一路书香》中，女主持人用一句特别诗意的话评说苏轼："生活明明是给他打了一个死结，他却将其挽成了一朵花。"这句话深得我心。学习苏轼，学习这首《定风波》，就是要学习他的这种生活态度与能力。

黄州两年的时光，淡化了苏轼心中的恐惧与孤独。此时的苏轼，已经和黄州融为一体。他脱去了文人的长袍，摘去了文人的方巾，改穿农人的短褂子，常和农民朋友一起喝酒，大醉时或是出门闲逛，任由他人当作酒鬼而推推搡搡；或是在草地上躺下便睡，直到暮色沉沉时好心肠的农人把他叫醒，再摇摇晃晃地返回家中。

自由自在的生活，引发了苏轼精神世界的变化，表现在他的诗文上，便是"讽刺的苛酷，笔锋的尖锐，以及紧张与愤怒全已消失，代之而出现的，则是一种光辉温暖、亲切宽和的诙谐，醇甜而成熟，透彻而深入"[1]的文风的形成。这时的苏轼，就如同参透了人生百味的忠厚长者，每日里只是安详地守护着属于自己的这份宁静与平和。似乎外面世界中的一切，都随了他的定居黄州而消逝得无影无踪。

于是，《定风波》适时降生，如神来之笔，一下子便点亮了世界。

《定风波》的这份神奇，首先来自它所确立的三个意象：林、叶、声。这里的"林"与"叶"，几乎可以涵盖人类社会的一切价值诉求。我们总是说，人生就是一次旅行，那么，这个旅程中的所有景物，便都可以归结到"林"与"叶"这两个既属于客观存在又属于主观感受的意象之上。理想、事业、前途、爱情、友情……一切都不过是生命林子中的一种存在。不同之

---

[1] 林语堂：《苏东坡传》，张振玉译，湖南文艺出版社，2018年版，第203页。

处只在于，有些内容以"林"的方式存在，有些则以"叶"的方式存在。

"声"又会是什么呢？这里的"声"，显然既来自外界的各种敲打，又来自内心的情感触动。人生只要行走，就无法摆脱自然和社会的捶打锤炼，这些捶打锤炼，有些出自善意，有些出自恶意，有些则无所谓善恶，只是生命中的偶然。当诸多的敲打零散地、或者共同作用于生命时，我们的内心便会回应出各种声响。这些声响，有的慷慨激昂，有的哀婉缠绵，有的荡气回肠。无论是哪一种，却又都不必当作进行曲，用来为生命伴奏。

所以，人生永远应该"莫听穿林打叶声"。能够并且应该拥有的，只能是"何妨吟啸且徐行"。唯有"吟啸"，方能尽吐胸中块垒，方能不断唤醒生命的潜能和力量；唯有"徐行"，才能真正品味生命的境界，才能在酸甜苦辣的背后，感悟到一种生命的本真。

很多人认为，"竹杖芒鞋轻胜马"写出了对名利的淡泊。我却以为，这里的比较，并无轻重主次的区别，而是一种各有优劣。此句的特定语境，是风狂雨骤之时。如果将这里的风雨，再引申为人生的风雨，那么，苏轼显然是暗示读者，当人生遭遇风雨时，选择竹杖芒鞋，是一种明智。然而，当艳阳高照，或者雨后天晴时，马又会有它的价值。苏轼的高明，就在于不将自己的人生定位到某一种价值观之上，而是顺应外界的变化，时刻让自身处于能够和外界相融合的状态之中。这样的人生，便即超越了儒家的"知不可为而为之"的执着，又超越了一般意义上的道家的避世哲学，进入了庄子所主张的"乘天地之正，而御六气之辩，以游无穷者"的"逍遥游"的大境界。

上片的尾句"一蓑烟雨任平生"，和下片的"也无风雨也无晴"遥相呼应，共同构建起一种宏阔的人生观。此种人生观，建立在"何妨吟啸且徐行"的生命境界之上，彰显的是一种难得的豁达。这样的人生，看破了一切，将生命里里外外的一起，全然看作生命的必然点缀，于是，自然也就无所谓得失荣辱，无所谓风雨阴晴。

# 《扬州慢》：一“自”立魂，神韵尽出

南宋著名词人姜夔在其名作《扬州慢》词前小序中，这样描绘扬州城的破败景象：

淳熙丙申至日，予过维扬。夜雪初霁，荠麦弥望。入其城，则四顾萧条，寒水自碧，暮色渐起，戍角悲吟。

这段文字，采用纯白描手法，将饱受兵燹之灾的古城景致，刻画得苍凉悲壮、触目惊心。其中，“寒水自碧”中的“自”字，更是以寒水的人格化行为，写尽了寒水的自在、自悲与自救，从而凸显出所有以寒水为代表的景、物、人等意象在战争创痛中的挣扎与浮沉，表达出物是人非、昔盛今衰的沉重悲叹。可以说，此一“自”字，当属《扬州慢》的精神之魂。有了它，整首词作的所有意象便都有了生命。

## 一、寒水为何而“自碧”

姜夔创作这首词作时，年仅 22 岁。他从江西顺江而下时，印象中的扬州，应该只停留在杜牧笔下的那种充满希望、充满浪漫、充满浮艳的虚幻景致中：“街垂千步柳，霞映两重城。”“二十四桥明月夜，玉人何处教吹箫？”“春风十里扬州路，卷上珠帘总不如。”“十年一觉扬州梦，赢得青楼薄幸名。”……杜牧用太多的诗意和太多的孟浪，将扬州渲染得过于迷幻、过于神秘，这样的一方土地，怎么能不激发出英俊潇洒又才华卓越的姜夔的内心欲望呢？

然而，现实版的扬州城，却和唐人诗文中的锦绣之地差距太大。15 年前金主完颜亮南侵时的两次洗劫，早已将古老扬州的繁华富庶扫荡殆尽。昔日的笙箫鼓乐，在金人点燃的灼热的烈焰中全部化为记忆中的风流；二十四桥的明月，也黯淡在惨绝人寰的屠杀和掠夺中。这场由野蛮和凶残构建而成的侵犯，给曾经春风十里的扬州带来了毁灭性的打击。这种打击，从根基上摧毁了一个城市重生的所有物质和精神的要素，以至于15年来，除了春秋更替、禾草荣枯外，唯有日复一日的萧条，唯有月复一月的凄然，唯有年复一年的"寒水自碧"。

扬州的水，本非"寒水"，非但不寒，且一年四季始终春意融融。自南朝至北宋，六百余年的时间内，扬州始终是佳丽云集、粉黛争妍的富贵窝。隋炀帝以扬州为行宫时，这里更是热闹空前，繁华富庶胜过长安。日日歌舞、夜夜笙箫，富商巨贾、才子佳人"腰缠十万贯，骑鹤下扬州"。那样的极度奢华中，水，纵有冰清玉洁之心，却无独善其身之力。所以，往昔的扬州，水中漂浮着脂粉气，流淌着少年梦。

然而，战争来了，一切的繁华，转瞬间就成了泡影。王公和黎庶、玉人与骚客，都在杀戮中或亡或逃。当扬州城的鲜血，连同曾经的脂粉，一起灌满了古老的大运河，又一起被时光一点点漂洗、冲淡、稀释，既而净化之后，先前的温暖柔媚的水，也就再不是那腻滑无骨的质地，而是转化成了幽怨凄凉的寒水。这些寒水，等不来吹箫的玉人、轻歌的王孙、曼舞的媚娘，便只能一边顾影自怜，一边反思历史的惨痛教训，用自我净化来重构新的生命。

寒水自碧。是要用这一片碧色，来掩饰曾经的血红？还是用清清碧波，等候何处公子、哪家闺秀？生死磨难的背后，注定有生命的觉醒。寒水不会忘记战火的烧灼，不会忘却金人的狼牙棒划过水面时裂肤的剧痛。所以，寒水端正了容颜，以沉寂的碧色，昭示出一种生命的思考。寒水思考着，凝注着眼前这破败萧条的城市，牵挂着曾经活跃在这片土地上的人们。


## 二、寒水之外的那些坚贞

姜夔眼前的扬州城中，"自碧"的，远不止寒水。

曾经最是繁华的大街，如今，两旁早已消失了各种各样的店铺。断墙残垣间，满眼是青青的荞麦。这些荞麦，也该是年复一年的"自青"着吧。寒冬中开始发芽、生长，春光里开花、抽穗，盛夏中孕育果实，秋日里落入泥土，然后开始新一轮的生命循环。

这里本不是荞麦的家园。它的家园，应该是肥沃的原野，而非瓦砾密布的荒城。这些荞麦也一定是在扬州城中等候了十多年，等着有人来重整山河，等着有人将它们移回田野。为了这样的心愿，它们竭尽全力，在恶劣的环境中生长着，该青时自青，该黄时自黄。

"犹厌言兵"的废池与乔木，15年来都在做些什么呢？野花与野草，该是在废池边寂寥地盛开了若干个年头。曾经的血污，已经化作了这些花草的养料。亲眼目睹过那么多杀戮的乔木，也并没有被敌人的刀枪吓破了胆，同样是依顺着自己的生长规律，荣枯之中，兀自孤独而顽强地活着。它们的生长，绝非毫无意义的自生自灭，而是在自怨自怜中坚守了自身的本色，在翘首期待中完善着自己的生命。

还有那空寂的城，那秀美的二十四桥，那一弯冷月，那蓬蓬勃勃绽放着的芍药。经历过硝烟和杀戮的它们，同样以各自应有的态势顽强地存在于这座曾经无比繁华的城市中。太多的死亡，让它们早已变得无比坚强。它们不再寄希望于那些曾在此醉生梦死的人，不再幻想着用挥霍和欲望重建往昔的昌盛。它们一如那些经历过奢华却又复归平常的老人，虽然依旧会偶尔忆及往昔的灿烂，却也并不奢望果真能够回到从前。

"渐黄昏，清角吹寒，都在空城。"所有的花花草草都还在这儿生长着呢，但城市却消失了。一同消失的，还有鼎沸的人声。然而，空城并非真的就空无一人了。作为抗金前线的一个重要堡垒，还有戍防的士卒在远处的兵营中存在着，还有那些没有被杀死也不愿背井离乡的寻常百姓存在着。

这些人，跟这城里的寒水、荞麦、乔木、冷月、芍药一样，卑微而坚定地活在扬州。

## 三、"自碧"背后的意义呈现

只是，那些从扬州城逃离出去的生命，在清洗掉血污、包扎好伤口之后，或许已在另一个风花雪月的城市，重复起醉生梦死的生活。于是，阵阵笙歌中，商女亦厌倦了后庭遗曲，只把今朝之酒，洗濯明日的时光。

寒水却依旧无法忘却曾经的痛。见惯了玉人、听惯了箫声的扬州水，在经历了生离死别的磨砺之后，已然实现了生命的本质飞跃。此时，凛冽的寒风，裹挟着凄厉的号角，弥散在空阔寂寥的荒凉大地之上。风过处，一种锥心刺骨的痛，糅杂在寒水每一缕清漾的柔波中。那翻动的水色，碧得深沉，碧得厚重，碧得没有哪一双手能够掬起。

彻骨寒凉，从每一条沟渠中无法遏止地溢出。水中没有生命，没有青青杨柳舞东风，没有婀娜广袖舒长亭，只有那掩饰了一切的碧波，如一抹信手挥洒出的线条，把一段裂痕，巧妙地遮掩。

花自飘零水自流。花落处，水自黯然垂泪到天明。也许，没有人知晓，这满眼的碧波，其实是扬州之水的鲜血。这血汩汩流淌了 15 个年头，把个原本丰腴娇艳的扬州，干瘪成无限沧桑与凄凉。

"映阶碧草自春色，隔叶黄鹂空好音。"杜子美在武侯祠的庭院中，面对着满庭春草而感慨万千时，对那茂盛的草儿是颇有微词的。在诗圣的心中，碧草似乎成了没心没肺的家伙，竟然不顾念世俗对武侯的淡忘，没有表现出丝毫的愤世嫉俗。然而，老人家可能忘却了一点：对春草而言，能奉献给武侯的最好祭奠品，除了这满庭春色，还能有什么？正是这迎着春光自由生长的草儿，才真正是造化对武侯的最佳纪念。

同样，姜夔眼前的这清波荡漾的寒水，在这肃杀凄厉的寒冬之中，不正是在用它特有的祭奠方式，哀悼着曾经的历史和逝去的生命吗？寒水没有"我自横刀向天笑"的丈夫气概，也不会有"塞上长城空自许"的无奈。寒水只选择自己的方式，表达它对岁月、生命的敬畏与虔诚。

寒水自碧，那碧波是血，是泪，是永恒的思念，是恒久的忧患……

# 《苏幕遮》：此景果真有深意

　　苏教版高中语文选修教材《唐诗宋词选读》中，收录了北宋词人周邦彦的《苏幕遮》。这首词，向来被看作表现思乡情怀的杰作：

　　燎沉香，消溽暑。鸟雀呼晴，侵晓窥檐语。叶上初阳干宿雨，水面清圆，一一风荷举。

　　故乡遥，何日去。家住吴门，久作长安旅。五月渔郎相忆否。小楫轻舟，梦入芙蓉浦。

　　该词上片写景，景中含情；下片抒情，情中藏叙。全词动静结合、虚实相生，音韵和谐，色彩感和画面感十分鲜明，体现了极高的艺术成就。

　　然而，这样一首优秀的作品，却因为后世鉴赏者从主题先行的视角进行赏析而形成了阅读中的诸多误读。各种误读中，又以《教学参考书》所辑录的《文史知识》2002 年第 7 期过常宝先生的个性阐释最为牵强。

　　过先生在赏析该词上片景物描写的内容时，显然是采用了逆推的方式，先确立下片的情感基调，再用这个基调来解读上片的景物。于是乎，在过先生的眼中，上片的种种景致，都蒙上了一层"淡淡的惆怅和忧郁"。

　　过先生认为，"鸟雀呼晴，侵晓窥檐语"中，"鸟儿除预言一个百无聊赖的炎热夏日外，在这首词中，它同时也是一个唤醒者"。"鸟雀所呼唤的，不仅是一个炎热的夏日，同样也是游子的身份意识"。"鸟儿窥檐，尤其是这一个'语'字，又有一种很熟悉、很亲切的暗示，使人能感受到巢的温馨和安宁。这两种感受如此奇妙地揉为一体，确实使我们疑惑，如果我们已经熟悉了他乡的气味，那么，家乡到底意味着什么呢？"

　　拜读过先生的这段文字，我不得不佩服他过人的联想想象能力。然而，对于他的这种无限拓展延伸的解读方式，我却无论如何也不能接受。我们知道，文学作品固然存在着解读的无限可操作性，但多元解读的背后，总还是应该关注一下解读的界限。

一

让我们还原一下周邦彦的创作场景，从模拟现场中捕捉词人那时那地的真实情感吧：

一场持续数日的连阴雨，将人的心都浸泡得发了霉。潮湿闷热的暑气，如一张紧贴在身上无法脱下的衣服，湿漉漉地包裹着人的一切与自然的一切。就在这极端的压抑与极端的烦躁中，突然有这么一天，清晨醒来时，再也听不见窗外风吹雨打的声音，只有东方天际初现的灿烂曦光，透过窗棂映射到湿漉的地面。——终于放晴了！词人欣喜万分地从床上一跃而起，第一时间内将门窗全部打开。然后，点燃数支沉香，希望将房间内残余的潮湿和闷热一起驱赶。

早起的鸟雀，以超乎寻常的热情，等候着红日的光临。它们呼朋引伴地叽叽喳喳着，诉说着久雨的烦恼，吟唱着晴朗的快乐。长期缺少阳光照耀的荷叶，一改往日垂头丧气的神态，在初晴的早晨，高高挺立起苗条的躯干，神采奕奕地迎候着阳光的抚慰。

这是一种多么让人心旷神怡的景致，是一种多么轻快多么优美的情感体验。此情此景下的词人，又怎么会由鸟的鸣叫，去勾连起关于巢的联想，并进而想到自己的游子身份？这种久雨初晴后的轻松感与愉悦感，在实际生活中，又有谁没有体验过呢？

这样的轻快愉悦，自然不会不激发出多情词人的情感触动。然而，词人的情感，只会因为眼前景物的美好而生成，不会煞风景地故作深沉，去思考游子的特殊身份。

那么，下片为何就能过渡到对故乡的思念中呢？道理很简单。初晴的灿烂，一扫长久阴雨的闷热潮湿。这种天气特征，很是类似江南梅子雨后初晴的清新爽朗。词人在沉浸于初晴的愉快之中时，由此时此地的气候，联想到了江南故乡的雨后初晴，并进而联想到故乡，想到年轻时在故乡的种种生活画面。在此基础上，一种无法排遣的浓郁思乡情，才漫延到词人心灵的各个角落。

由此可见，词作上片的写景，仅仅是就景物的客观呈现展开描绘，在描绘中融入的，也仅仅是久雨初晴后的欣喜愉快。鸟雀的出现，就是这景物的一个组成部分，它并不会起到什么"唤醒者"的先哲功用，也不会激发出词人关于巢的联想。至于思念故乡，则完全是因为对眼前景物的喜爱，而想到故乡中气候的宜人，并进而想起故乡的生活。这，跟鸟雀呼晴毫无联系。

## 二

我与过先生的认知差异，源于对词作中景情关系的不同解读。

中学语文教科书中，将景情关系区分为三种不同的情状：触景生情，借景抒情，情景交融。这三者，其实属于两个不同的类别。触景生情与借景抒情，属于表达技巧；情景交融，属于表达技巧运用后取得的效果。也就是说，触景生情和借景抒情，都致力于追求情景交融的艺术效果，决不能让景物与情感相互游离、各走各路。

触景生情与借景抒情的最大差别，在于景与情的出现时间。春节期间呼朋引伴高高兴兴去看电影，影片中的某个场景突然触发了内心中的某种潜藏的情愫，令你或是潸然泪下，或是捧腹大笑。此处的悲或喜，都不是你看电影时预先期待的，更不是你精心准备的。这便是触景生情。小学生写作文，想要表现内心的快乐，便写上学路上"太阳当空照，花儿对我笑，小鸟说早早早"；想要表现内心的不痛快，便写上学路上"太阳长着惨白的脸，花儿也无精打采的，小鸟更是早已飞得无影无踪"。这便是借景抒情。触景生情，景在先，情在后；借景抒情，情在先，景在后。朱自清在《荷塘月色》中先是欣赏月下荷塘的景象，然后由荷花而联想到采莲，进而联想到江南，联想到南北朝时的风流，这是触景生情；鲁迅在《故乡》中写现实的故乡"天气又阴晦了，冷风吹进船舱中，呜呜的响，从蓬隙向外一望，苍黄的天底下，远近横着几个萧索的荒村，没有一些活气"，这是借景抒情。

过先生显然是认为周邦彦心中先滋生出了浓郁的思乡之情，然后才提起笔，从眼前所能见到的景物中筛选意象传递情感。有了这样的先入为主，则上片中的"鸟雀呼晴"便不能视作欢愉之举，"叶上初阳干宿雨，水面清圆，一一风荷举"中也不能隐藏清新、愉悦、优美等快乐的感受。

只是，雨水洗涤过的碧绿的荷叶上，滚动着几粒亮晶晶的水珠，这样的景象，无论如何也不好联系到眼含热泪。

## 三

对于语文教学而言，这样的探究意义何在？或者说，语文教师是否需要在课堂上引导学生进行这样的探究？这首词作中还有哪些内容需要语文教师在教学中予以引导点拨？

最显性的意义，在于教给学生品读诗歌的具体方法。自 20 世纪 50 年代以来，语文教学中充斥了先入为主的认知错误，看到李白的诗歌便认定了豪放，看到陆游的诗歌便认定了爱国。很少引导学生从作品的具体内容中思考发现。以该词的赏读为例，把不同的解读呈现出来，引导学生运用所学知识进行比较分析，便是教给学生一种理性思维，便是对非此即彼的一元价值认定的颠覆。

更深层次的意义，在于培养一种严谨治学的精神和大胆质疑的态度。科学的进步既建立在对前人成果的继承之上，也建立在对前人经验的否定与重建之上。在学科教学中引导学生对教科书中的观点进行质疑求证，可以消解盲目崇拜带来的精神匍匐，有利于培养科学道路上的大写的人。

当然，语文课不是哲学课。对不同观点的探究，必须建立在对基本教学任务有效落实的前提之下。就这首词作而言，其基本的教学任务在于引导学生借助典型意象赏析诗歌内容与情感，品读词作中的景情关系。在完成整体鉴赏之后，还应该围绕"五月渔郎相忆否"句进行细节突破，教给学生"对面落笔"的表现手法。

# 《临江仙》：失意人生的价值转型

滚滚长江东逝水，浪花淘尽英雄。是非成败转头空。青山依旧在，几度夕阳红。

白发渔樵江渚上，惯看秋月春风。一壶浊酒喜相逢。古今多少事，都付笑谈中。

这首词作，但凡看过 1994 年版电视剧《三国演义》的人都不会陌生。电视屏幕上，当杨洪基苍凉而高亢的声音响起时，曹操、刘备、孙权、诸葛亮、关羽、张飞等数十个三国英雄的影像从翻滚奔流的江水之上鱼贯而出又鱼贯而去，只留下洪波涌动、青山耸立。

有人会提出这样的疑问：为什么要选择这首《临江仙》，而不是选择苏轼的《念奴娇·赤壁怀古》作为电视剧的片头曲？答案其实很简单：虽然创作出《三国演义》的罗贯中去世 88 年之后，此首《临江仙》的作者杨慎才降生到这个世界，但清朝初年一个名叫毛宗岗的好事之人，在仿效金圣叹删改《水浒》的做法对《三国演义》删改并夹写批语时，将这首《临江仙》嫁接到了《三国演义》的卷首，读者们看了觉得天衣无缝，便接受了此种嫁接。

新的疑问又出现了：既然《临江仙》并非为《三国演义》量身定做，为何意义如此关联呢？答案还是很简单：《临江仙》虽非特意为《三国演义》而作，却也并非泛化地咏怀历史。《临江仙》其实并非一首独立创作的词，而是杨慎创作的《廿一史弹词》中"说秦汉"一段的开场词。三国的历史，本就是秦汉这段历史的余脉。

《临江仙》的作者杨慎，属于典型的官三代。

杨慎的祖父杨春官居湖广提学金事，父亲杨廷和则是明朝中期著名的政治革新家，历仕宪宗、孝宗、武宗、世宗四朝。杨廷和在孝宗时期先后官拜东阁大学士、少傅兼太子太傅、谨身殿大学士，并于正德七年（1512年）出任首辅，成为一人之下万人之上的重臣。

拥有如此显赫的家庭，杨慎却绝非不学无术的纨绔子弟。据说，杨慎7岁开始学习唐代诗歌，11岁开始诗歌创作，12岁便因文采才华而被祖父褒扬为"吾家贾谊也"，13岁随父赴京，所作《黄叶诗》轰动京华，当时的内阁首辅李东阳"见而嗟赏，令受业门下"。

正德六年（1511年），24岁的杨慎第二次参加朝廷科考，一路过关斩将，取得殿试第一的佳绩，高中状元，授翰林院修撰。

如果杨慎早生几百年，能够生活于大唐盛世，或者生活于北宋初期，他能够取得的政治成就或许将超越房玄龄、杜如晦、赵普、寇准，文学成就将直逼李白、杜甫、苏轼。遗憾的是，他偏偏降生在中国历史上最荒诞不经的时代。在他生命中最灿烂的青壮年时期，他遇到的是长期不理朝政、一味纵情于声色犬马的大明武宗朱厚照。朱厚照15岁登基后，先是模仿街市的样子在皇宫中建了许多店铺，让太监扮作老板、百姓，自己则扮作富商，终日里忙于讨价还价做生意；后来又模仿妓院，让许多宫女扮作粉头，自己则扮演嫖客，挨家进去听曲、淫乐。17岁起干脆在紫禁城外建造一所"豹房"并在那里一直住到驾崩。27岁时，朱厚照玩出了惊世骇俗的新花样，他将自己更名为朱寿，加封为"镇国公"，令兵部存档，户部发饷，以皇帝之身"认认真真"地当起了大将军，并以"大将军朱寿"的名义亲自统兵迎战蒙古王子伯颜，取得了杀敌16名、己方伤563人、亡25人的"应州大捷"。

朱厚照的荒诞，遭到了朝臣的长期批评。就在朱厚照自封为"镇国公"的那一年，杨慎呈上《丁丑封事》的奏章，指责皇帝"轻举妄动，非事而游"，劝其停止这种荒唐行为。随后，杨慎称病告假，辞官归里。

五年后，明武宗驾崩，其堂弟朱厚熜继位。33岁的杨慎回到京城，重新担任翰林院编撰，并新授经筵讲官，负责为皇帝讲解儒家经典。36 岁时，杨慎参与到内阁"大礼议"的纷争中，约集同官二百余人，伏跪皇宫左顺门前，嚎啕大哭，声撼内廷，引得皇帝震怒，于七月十五被捕，十七日被廷杖一次，死而复苏；隔十日，再廷杖一次，几乎死去，随后充军云南永昌卫（今云南保山县）30 余年，直至生命结束。

二

据相关学者考据，《临江仙》当作于杨慎充军云南永昌卫期间。这 30 余年间，杨慎"往复滇云十四回"。依照大明法律，流放军犯年满 60 便可由子侄替役，"归休"返回原籍。然而杨慎始终等不来朝廷的赦免。65 岁时，杨慎"援例回川"，自己给自己免了罪，携家迁往泸州定居。71 岁又被云南巡抚王昺派兵押解回永昌。泸州学者认为，《临江仙》应是杨慎晚年客居泸州六年间的产物。

晚年的杨慎"采药名山吾愿足，头白久矣谢朝簪"，显然已修炼至波澜不惊、与世无争的境界。唯有到了这样的时候，功名富贵和是非成败才能够"转头空"，一切的悲欢离合，才能"都付笑谈中"。这是生命的豁然开朗，也是无奈中的自我宽恕。

现在，让我们仔细品读这首词作。

"滚滚长江东逝水，浪花淘尽英雄。"从文学的角度看，开篇的这个句子不过是苏轼"大江东去，浪淘尽，千古风流人物"的翻版。该句立足于空间意象"长江"之畔，想到的却是时间上的数千年风云变幻。时间与空间的交融，赋予了英雄以辽阔苍茫的参照物，映衬出英雄的渺小短暂。"滚滚"和"淘"两个词汇，还为我们营造出一种身临其境的动态感受。

"是非成败转头空。"古典诗歌中，"空"是最具张力的一个词。"塞上长城空自许""隔叶黄鹂空好音"……但凡需要着一"空"字时，所有的奋斗陡然间就会失去了应有的色彩，只留下黑白的生命底色。只是，杨慎的"空"，不但虚无了自身几十年的不懈追求，而且虚化了人类有史以来的所有的栉风沐雨，消解了王侯将相、才子佳人梦寐以求的人生目标与意义。

"青山依旧在，几度夕阳红。"作为上片的收拢，这个句子以恒常之"有"，照应了上个句子的瞬息之"无"。这个世界上，人类孜孜以求的那些东西，总是短暂到转首间便空空如也，而青山与夕阳则在无欲无求之中永世长存。小或大、短或长、失或得，最终都敌不过自然造化。唯有山外斜阳，含满脸慈悲，俯视苍生。

"白发渔樵江渚上，惯看秋月春风。"此句显然化用了苏轼《赤壁赋》中的内容，但用出了新意。《赤壁赋》中"客"所言的"况吾与子渔樵于江渚之上，侣鱼虾而友麋鹿，驾一叶之扁舟，举匏樽以相属。寄蜉蝣于天地，渺沧海之一粟。哀吾生之须臾，羡长江之无穷"，本是诉说卑微生命的短暂与渺小。杨慎则将其置身于"秋月春风"之中，以波澜不惊的心态坦然面对人世间的一切风云变幻。此处的"白发"不但照应了"惯看"，而且呈现了一种岁月沉淀而出的丰厚与豁达。"惯看"不等于接纳，只因为岁月白首，才修炼出闲看庭前花开花落的大度从容。

这句中的"渔樵"两个意象也值得仔细玩味。古典文学中，渔父和樵夫均非凡夫俗子，往往是具大智慧的世外高人。这些隐逸于湖山之间的哲者，参透了人生的酸甜苦辣之后，总是怀揣着对人类苦难的巨大悲悯，以近乎神仙的身份，点化困顿之中的芸芸众生。

"一壶浊酒喜相逢。"在白发渔樵的心中，万千富贵，终是抵不过一壶浊酒。浊酒，古典诗歌中又一个了不起的意象。"浊酒一杯家万里""潦倒新停浊酒杯"……生命与生活本无须过分精致，金樽清酒固然可以拥有，一壶浊酒同样能够告慰灵魂。当浊酒又逢故旧，不亦乐乎！

"古今多少事，都付笑谈中。"孟浩然在《与诸子登岘山》中感叹："人事有代谢，往来成古今。江山留胜迹，我辈复登临。水落鱼梁浅，天寒梦泽深。羊公碑尚在，读罢泪沾襟。"孟浩然显然未能修炼到白发渔樵的生命境界，无法把建功立业付之以笑谈。就算是旷达如辛弃疾，当其"识尽愁滋味"，也不过是"却道天凉好个秋"，同样做不到一笑了之。或许，他们都还未曾"白发"。

三

杨慎为什么要创作这首《临江仙》呢？我想，他或许是在用这样的方式为自己的一生坎坷画一个句号吧。毕竟，站在历史的垛口远眺时，并非所有的人都能透过时空的隔断，看清楚往昔的烈火硝烟背后隐藏着的生命虚空。更多人观赏到的，只是那些名垂青史的英雄们，无论是羽扇纶巾，还是金戈铁马，都把大好的青春，谱写成不朽的乐章。

还有什么样的诱惑，能比得上这"丹心照汗青"的荣光呢？人类历史的长河中，任何一滴水珠，都曾见证过一个可歌可泣的英雄故事。然而，又有多少故事能够永恒地站立在波峰之上，始终沐浴着灿烂的阳光，辉映着动人的笑容？

当惨淡的夕阳透过稀薄的云层，将血红的光芒铺洒在现实的青山之巅时，曾经的是与非、成与败、名与利、功与罪，全都渐渐笼罩于无边暮色中。刀光剑影黯淡，鼓角铮鸣远去，只有从远古直吹到今天的风，还不时撩拨着词人的鬓边华发，同时拨动他心底深处的那根琴弦。

果真能看透一切吗？秋月春风的背后，是"等闲度"的无奈，还是"喜相逢"的欣慰？一壶浊酒，是入了愁肠，幻作一声长啸；还是消了心头块垒，化成朗月清风？或许，只有滚滚东逝的长江，才能够参透个中的真实意义。

江山代有才人出，各领风骚数百年。年轻时的意气风发，并没有能够成就词人的英雄梦，赤胆忠心换来的，却仅仅是永久的流放。有心报国、无力回天的现实人生，终于用苍颜白发篡改了词人的一腔热血，用孤独苍凉树立起词人的淡泊超然。于是乎，英雄那顶天立地的光辉形象，换成了山水之间自在逍遥的白发渔樵。这种替换，喜耶？悲耶？洞察？无奈？或者是兼而有之吧。

英雄已逝，时无英豪。在千里马骈死槽枥之间的时代，雄心壮志的价值，似乎只能迎来消沉和愤慨。而当这愤慨也渐渐褪了钢火，面对似血的残阳，历史也只能凝固成孤独的往事。

是非成败转头空，无尽的变数，如红尘百劫，消耗着有限的生命，在青春不再，理想成梦的年龄，还有什么样的英雄梦能够实现？是命里无时莫强求吗？

就收起那慷慨激昂，且把历代兴亡化作佐酒佳肴吧，纵不能兼济天下，总也可以拥有一份独善其身的洒脱。

# 《杜十娘怒沉百宝箱》:"悲情盛妆"折射出了什么

　　话本小说《杜十娘怒沉百宝箱》编入高中教材后,很多老师在开设公开课时喜欢选上这篇课文,并且课堂设计中,多数人都有一个相同的情节分析,那就是当杜十娘得知自己"中道见弃"之后为何还要盛妆打扮。老师们总喜欢把这个情节拿来同汉乐府民歌《孔雀东南飞》中的刘兰芝作比较,因为刘兰芝在被焦母驱赶回娘家时,也有早起盛妆打扮的举动。那么,这两个不同女性的相同举动,是否存在着一种深层意义的相同目的呢?对此,老师们的分析,大多都是依照教学参考书的提示,把这"盛妆"理解成对现实的一种反抗。

　　《全日制普通高级中学教师教学用书》中,对杜十娘的"盛妆"是这样分析的:"关于杜十娘用意修饰的细节描写,显然,这是极其深刻地表现她勇于承担不幸,表现她别有打算而又不使别人识破她的打算,表现她郑重其事地做最后一次梳妆以告别人世的心情。这些更突出描写了她的坚毅不屈和有胆有识。"对刘兰芝的"盛妆"分析,也是使用了相类似的话语:"一连串夸张性的铺陈,旨在描写她的美,更表现她的从容镇定。"

　　《语文教学通讯·高中刊》2004 年第 3 期上,曾经刊发过一篇题为"面对不幸的刚强"的文章。在那篇文章中,作者在经过系列分析后,得出的结论是,刘兰芝的"严妆"是"用美来对封建家长示威,进行反抗";杜十娘的"修饰"是"彻底绝望后,用美进行报复,进行惩罚,也是与这个罪恶世界决绝的最后宣告"。这篇文章对两个女性的心理分析,显然已经比教参提供的分析更为妥善。因为它把杜十娘和刘兰芝的"盛妆"中的"悲情"突出了出来,而教参中则显然缺少了"悲情"的色彩。

　　《面对不幸的刚强》的解读,是否就真的抓住了两个女性的真实内心了呢？我认为还是存在一定的距离的。这个解读的价值在于开始抛开文本解读中的"伪圣化"现象，力求还原她们作为平常女性的寻常个性。但若从更为宽泛的社会背景来分析，就可以发现，它依然存在着人为拔高的因素。

那么，两个不同时代的女性的"悲情盛妆"到底折射出了什么呢？或者说，在"悲情盛妆"的过程中，两个女性的真实内心状况是什么样的呢？不妨从以下三个方面进行探究：

首先，"悲情盛妆"为我们揭示的是一个关于女性的生存价值的话题。"悲情盛妆"中所展现的两位女性特有的青春美貌，实际上就是封建时代女性生存的价值所在。美貌是封建社会中女性生存的通行证，同时也是女性所有悲剧的根源。无论这个女性是良家妇女，还是风尘女子。

先看杜十娘，作为风尘女子，她尽管聪颖过人，但这聪明却百无一用。社会要求于她的，或者说她唯一能用来在社会上生存的，只有美貌。美貌使她名动京城；美貌令她结识李甲，美貌让孙富垂涎，可以说，美貌就是杜十娘存在于这个世界的真正价值要求。

再看刘兰芝。焦母尽管眼睛中容不下兰芝这粒沙子，但兰芝的美貌，她还是无法忽视的。这从焦母劝诫儿子娶罗敷的话语中能够品味出来："此妇无礼节，举动自专由。……可怜体无比，阿母为汝求。便可速遣之，遣去慎莫留。"焦母无法忍受兰芝，又怕儿子沉溺兰芝的美貌，只有去求聘她眼中更漂亮的罗敷。而她对罗敷的欣赏，显然又通过仲卿之口，传到了兰芝的耳朵里。

这么两个绝代美女，当她们遭遇到了遗弃之后，她们的内心第一种情感会不会是对自身容貌衰减的怀疑呢？我想，"悲情盛妆"正好为我们揭示了这个话题。从课文中，我们不难品味出，两个人对于自己的容貌，依旧是充满了极端的自信。因为自信，所以她们更精心地打扮自己。在这个打扮的过程中，从刘兰芝的角度来说，我们不能否认一个心理，那就是她存在着一个用美貌来证明自己比罗敷更漂亮的事实。这种证明，是为了让仲卿牢记她的形象，并因为她的美丽超群，而不去依照焦母的主张，求聘罗敷。当然，我们也不否认这个盛妆中含有向焦母示威的成分。

再从杜十娘的角度看，也存在一个不容忽视的心理，即此刻的杜十娘已然万念俱灰。这种心态下的人的盛妆打扮，实际上已经超越了那种用美貌来作为最后的斗争武器的境界。我想，若从人性的角度看，她的盛妆，更多体现的应该是"质本洁来还洁去"的心态特征。这里的盛妆，展示的是她结束自身生命前的最后的内心争斗。

其次，"悲情盛妆"体现的，是在命运无法自我掌握的时代背景下的无力的抗争手段。鲁迅先生说，悲剧就是将人生有价值的东西撕破了给人看。在这两个悲剧中，"悲情盛妆"起到的就是这种先把人生中最美好的展现出来，然后再撕破了给大众来看的震撼。然而，透过这种震撼，我们再仔细揣摩两位独特女性的内心世界，就又可以发现，她们的悲情盛妆，实在只能是一种极端无力的抗争手段。想想，她们到底要争取什么呢？在兰芝，要争取的是和仲卿一起生活的权利；在十娘，要争取的是和李甲白头偕老的生活。可是，她们渴望厮守的男人，仲卿也好，李甲也好，实在并不是个真正值得去厮守的人。

但他们还是执着地渴求着，并在目的无法实现时，不惜以生命来做最后的抗争。然而，她们的抗争中，更深层的东西，似乎是包含着浓郁的"从一而终"的封建思想的。

最后，"悲情盛妆"折射出的，是女性心目中的"从属地位中的最后一张王牌"的心态。美貌之于女人，无论富贵贫贱，都是万分渴望的。拥有美貌，是女人永恒的梦。悲情盛妆中，两个女人在人生的重要转折点上，把全部精力放在了容貌的修饰上，对此，未尝不可以理解成她们是试图用这美貌来做最后的一次斗争。这种最后一搏的心态，并非完全出自我的主观臆测。从课文中可以看出，兰芝的这一搏是取得了暂时的胜利的。仲卿并没有去求聘罗敷，就是证据。而十娘的最后一搏，如果李甲幡然悔悟，不是悔十娘的珍宝沉江，而是在所有珠宝沉江后，从心灵深处表现出由衷地对十娘这个"人"的喜爱，那么，十娘是否还会投江，也是个未知数。

密码三

情感：基于"人"的立场

# 明明白白我的心

## ——《赤壁赋》中的人生密码

对于特别重视容貌的人而言，时光确实是把杀猪刀，三下两下就能将粉妆玉砌的青春面容，雕刻成沟壑纵横的黄土高原。幸好，"去年一滴相思泪，今日方流到腮边"的长脸汉子苏轼只是一个凭才华吃饭的人，时光于他而言，更多充当起抚平坎坷的熨斗，把被时代车轮碾得支离破碎的人生之路，重新整理成"也无风雨也无晴"的一马平川。

自 1080 年初走进黄州，已是 800 多个日子悄然而去。最初的担惊受怕已然慢慢转换为坦然接纳，苏轼已经开始喜欢上这片有着浓郁人情味儿的土地。参禅礼佛、钻研道教教义、研炼丹药、游历山水、耘理东坡……总好像有无数的趣事等着子瞻先生亲力亲为，虽是早生华发、功业难成，灵魂却拥有了踏实安放的土地。

公元 1082 年农历七月十六日，那轮高悬天际的圆月终于等来了期盼已久的这个人。清风徐来，水波不兴；月光皎洁，大地安宁。为了这篇不朽的文字，宇宙早已备下了特殊的笔墨纸砚，只静候着主角的登场。

一

歌来了，诗来了，船来了，主角来了！

白露横大江，水光接天色。当辽阔的江面幻化成一条直通天庭的素绢时，苏子是从天庭降临了人世，还是将从人世驰入天庭？

《赤壁赋》的第一段，入笔寻常，但仅三言两语，就迅速将读者引入了如诗如画、近乎仙境的景象之中。"浩浩乎如冯虚御风，而不知其所止；飘飘乎如遗世独立，羽化而登仙。"这两个句子与其说是苏轼的主观感受，不如说是庄子"逍遥游"的真实演绎。当一苇渡江的达摩、羽化登仙的道士一起进入踏月而行的儒生苏子的精神世界时，良辰、美景、赏心、乐事"四美"齐聚，焉有不"饮酒乐甚"之理？

对酒当歌，人生几何。终于不再是"拣尽寒枝不肯栖"的缥缈孤鸿了，也终于放下了心中的凌云壮志，不再纠葛于前人的丰功伟绩和自身的功业未成。此时的苏子，灵魂深处已然有一轮皓月日日夜夜朗照，生命之舟正在迈入"一蓑烟雨任平生"的豁达之境。

苏先生开始放浪形骸，一手端着美酒，一手叩击着船舷，用不再年轻的嗓子，唱出了来自一千多年前的古老歌谣："桂棹兮兰桨，击空明兮溯流光；渺渺兮予怀，望美人兮天一方。"尽管距离桂花盛开还有一个月的时间，苏先生似乎已闻到了桂花与兰草的沁人芬芳。

客人应该是喝多了。起初还能依着苏先生的歌而吹奏洞箫，后来便不再顾及苏先生唱些什么，只依照自己的心情，吹起了忧伤的曲调。这客人也是和苏先生一样的音乐天才啊，洞箫声声，"如怨如慕，如泣如诉；余音袅袅，不绝如缕。舞幽壑之潜蛟，泣孤舟之嫠妇"。"万顷之茫然"的大江中有幽壑潜蛟和孤舟嫠妇吗，苏先生不过是从这曲子中联想到了这两种景象，借机训练一下夸张的修辞手法罢了。

二

《赤壁赋》的写作重点是第三、四段。这两个段落中，苏轼借主客问答的方式，围绕着"变"与"不变"这一对核心话题，从两个完全不同的视角，阐述了两种截然不同的人生观。

在苏轼看来，江水、明月、清风这些自然景致，皆是同时兼具"变"与"不变"的双重属性的。问题的关键，只在于欣赏者的视角，在于由"变者"观之，还是由"不变者"观之。苏轼认为，如果从"变者"角度看，人类固然存在着诞生、成长、死亡这样的过程，天地万物也同样如此。一滴水从汇入长江的源流，到最终注入大海，原本也就是一个短暂的过程。对这滴水而言，注入大海，也就意味着它属于长江的生命的消失。一阵清风从面颊上拂过，这阵清风也一样成为过去，下一阵清风，已然是一个全新的生命。即使是高悬天空的明月，也难以逃脱这样永恒变化的命运。和昨日的月相比，今日的月注定会消逝了一些物质，又新增加了一些不为我们知晓的内容。

同样，从"不变者"的角度看，月亮永恒地高悬天际，江水永恒地流淌在大地山川之间，人类也生生不息地繁衍、耕耘着。月亮没有消逝，长江没有消逝，人类也一样没有消逝。世间万物都在这"没有消逝"之中获得了永恒。

苏轼的这些观点，单从《赤壁赋》的表象意义看，似乎可以理解成"苏子"对"客"的情感慰藉。实际上体现的，却完全是两种不同文化在同一个体——苏轼本人——内心的必然冲撞。文章中，客方——与"苏子"相对的另一个苏轼——的观点，初读给人的感受是消极、悲观，然而，倘若我们深入进去揭开遮掩在消极悲观之上的面纱，却可以发现一种儒家特有的积极进取、奋发有为的价值观。

## 三

《赤壁赋》中有一个不被人重视的细节，其实很有意思：面对七月十六日的圆月和"白露横江，水光接天"的美好景致，主客双方触景而生的情，其实差别很大。苏子叩舷而歌，首先想到的是"桂棹兮兰桨，击空明兮溯流光"。这样的联想，是由眼前美景自然引发而出。因为眼前存在的，确实就是"空明"之境。至于"渺渺兮予怀，望美人兮天一方"，则是诗句的附带品。也就是说，主人首先关注的是美景，然后才因为歌词而联想到了悠悠心思，才联想到了那远在天际的"美人"。至于这歌词中的"美人"，也并非确有所指。它可以是美政，可以是美好的理想，可以是一种魂牵梦萦的愿望，自然也可以是美女。

客却不是这样，客面对"空明"之景，心中想到的是曹孟德的"月明星稀，乌鹊南飞"。也就是说，当苏子叩舷而歌，客"倚歌而和之"之际，客实际上并没有关注苏子歌唱了什么，而是依照他心目中由眼前景物而引发出的情感，吹奏出自己的个性化心声。这种个性化心声，显然属于进一步联想的产物。客由"月明星稀，乌鹊南飞"而联想到了"对酒当歌，人生几何？譬如朝露，去日苦多"，联想到了文治武功同样卓越的曹操，联想到英雄的终将逝去，联想到自己眼下的卑微地位，联想到了曾经拥有的雄心和眼前惨淡的现状。于是乎，一种英雄垂暮、壮志难酬的痛楚，便无可遏止地流泻出来。

客的悲，来自眼下的"渔樵于江渚之上，侣鱼虾而友麋鹿"的人生现状。对客而言，这样的人生是没有价值的。因为"客"需要的，是曹孟德一般的轰轰烈烈，是个人理想的实现，是成为"一世之雄"。客的这种思想，自然是儒家的积极用世，是建功立业、开创人生辉煌。

遗憾的是，乘一叶扁舟漂泊于浩瀚长江中的"客"，此时已沦落为笼中困兽，纵然心灵深处依旧有辽阔苍茫的大地，身体却无法实实在在地自在奔跑。这种英雄末路的困顿与无奈，注定了"客"的心灵中无可避免地淤积了太多的失落，所以，本应该高歌猛进的"客"，便只能用如怨如慕、如泣如诉的箫声来排遣那无法排遣的惆怅。

客为何联想到的是曹操，而不是周瑜或诸葛亮？想来应该有这样三条理由：第一，那时的曹操，尚未被《三国演义》扭曲成奸雄，其文治武功始终被无数文人仰慕；第二，眼前所处之地正是曹操遭遇人生最大挫败之所，就如同苏子正在遭遇的人生挫败；第三，横槊赋诗之时的曹操，与眼前荡舟江面的苏子和客年龄相近。

## 四

"客"的怅惘，苏子又何尝不能体会？应该说，两年前刚到黄州时，苏子心中终日充盈的正是这样的惆怅。然而，苏子与客不同，苏子不但有道家超然物外的清静无为做精神后盾，而且有道家极具主观唯心色彩的相对主义哲学观为思想武器，同时苏子还拥有佛禅、拥有书画、拥有单纯与乐观，因而，苏子在面对清风、明月、江水时，想到的是"物与我皆无尽也"，是"物各有主，苟非吾之所有，虽一毫而莫取"，是"命里有时终须有，命里无时莫强求"，是跳出名利之后的豁达通透，是超然物外的逍遥自得。

苏子真的什么都能放下吗？我想绝非如此。只是，苏子深得道家逍遥游的真谛，懂得"有所待"便必然遭遇束缚。故而，苏子追求"乘天地之正，而御六气之辩，以游无穷者"。当人生失去了"送我上青云"的"好风"之时，即使面对的是凄风苦雨，也无妨吟啸徐行，走向"无所待"的至高境界。置身此种境界之中，物我两忘，物我一体，美好的风物和美好的生命均取之不尽、用之不竭。

悲观的"客"在苏子的劝慰下，放下了心头的包袱，获得了心灵的解脱，这种解脱，外在表现为"喜而笑"，内在意义却是世界观的变更。客的由悲而喜的过程，也就是道家的无为、顺应思想取代儒家的建功立业思想的过程，是清静无为、寄情山水的人生态度战胜"知不可为而为之"的人生信念的过程。这样的胜利，对于个体生命而言是一种收缩，对于国家民族而言是一种放弃。

# 五

今天，我们为什么要学习《赤壁赋》？《赤壁赋》的语文学习价值，绝不是翻译与默写全文，也不是识记和掌握简单的古汉语知识。《赤壁赋》是最聪明的大脑种植出的最伟大的精神食粮，每一位语文教师和每一名中学生，都应该满怀敬畏地面对它，以感恩之心慢慢品尝，使其最大限度地转化为生命的养分。

你会品味自然吗？如果不会，那么请读《赤壁赋》。苏子由大自然而悟出的人生哲理，无疑是最好的品味自然的教科书。

你懂得珍惜时光吗？如果不懂，那么请读《赤壁赋》。人类虽是生生不息，个体生命却需要以积极昂扬的态势存在于这转瞬即逝的过程之间。虽说是浪花淘尽英雄，但意念起处，英雄立刻重生。

你能够在逆境中永远保持昂扬乐观的精神风貌吗？如果不能，那么请读《赤壁赋》。人生不如意事十有八九，从这个角度看到的是失望与无助时，不妨换个角度看，见到的或许就是月朗风清，如沐慈悲。

你在一帆风顺之时知晓如何把控生命的舵，使其有效避开各种激流暗礁，顺利抵达理想的彼岸吗？那么请读《赤壁赋》。纵使英雄如曹操，也会遭遇挫败，也会功业难成。顺境当思坎坷，谨慎成就伟业。

你说，我只是一名即将参加高考的中学生，我只想迅速提升我的语文考试成绩，那么，还是请你认真研读《赤壁赋》。《赤壁赋》中的起承转合、景情理的有机交融、虚实相生和主客问答，都是高考作文克敌制胜的不二法宝。

# 溢美，为了理想和道义

## ——《寄欧阳舍人书》写作目的探微

　　《寄欧阳舍人书》收录于粤教版高中语文选修教材《唐宋散文选读》第12课，作者为唐宋八大家之一的曾巩。

　　这是一篇仅只八百余字（不含后人添加的标点）的书信，正文由五个部分组成：第一部交代写作缘起以及自身观诵墓碑铭后的总体感受，然后阐释撰写墓碑铭的意义。第二部分谈当时社会中墓碑铭写作的两大弊端——"褒扬其亲而不本乎理""不足以行世而传后"。第三部分针对两大弊端而确立正面观点"非畜道德而能文章者无以为也"，强调立言者的素质是纠除时弊的根本条件。第四、五两部分极力褒扬欧阳修的贤能，同时深谢欧阳修的赐铭之恩。

　　学习此文时，如果只将其作为文言知识学习的"样本"或"用件"，显然属于焚琴煮鹤。若将其作为议论文写作的一种范式，则又在结构形式上存在一定的缺憾。唯有将其视作一篇个性鲜明、情感充沛、充满了理想表达与道义申诉的经典"例文"①，引导学生透过文言词句的表象意义，走进文字的思想与情感深处，才能真正理解作品与作者。

一

　　世人读曾巩的《寄欧阳舍人书》，多不解于曾巩对欧阳修的竭力褒扬。尽管欧阳修的道德文章的确如曾巩所言的"固所谓数百年而有者也"，但也

---

① 王荣生：《语文科课程论基础》，教育科学出版社，2014年版，第295-345页。

用不着如此无遮无掩地"歌功颂德"。毕竟，近乎阿谀的溢美之词，总是容易让人联想到别有用心。

然而，当所有的褒扬都指向一个正处于贬谪生涯的落魄之人时，这样的溢美，便有了新的意义。要全面理解这一意义，就必须结合特定的时代背景，解读出作品中隐含着的真实意图。也唯有理解了这样的意义，才能透过文字的缝隙，品读出作者的人情人性之美，感悟到作者爱憎分明的价值诉求。

《寄欧阳舍人书》成文于庆历七年。庆历六年时，曾巩写信请欧阳修为已故的祖父曾致尧作一篇墓碑铭。欧阳修慨然应允，很快便完成了《尚书户部郎中赠右谏议大夫曾公神道碑铭》。

其时的欧阳修，正在滁州太守任上过着"醉翁之意不在酒，在乎山水之间也"的落魄生活。欧阳修因为上书为范仲淹等革新者的遭遇鸣不平，得罪了一批保守派重臣，于庆历五年八月由龙图阁直学士、河北诸州水陆节度都转运按察使、朝散大夫而贬为滁州知州。对于 39 岁的欧阳修来说，这样的贬谪，显然是一场理想破灭、壮志难酬的政治灾难。

倘若是个势利小人，曾巩对欧阳修的颂扬，只应该出现在庆历五年之前。庆历五年后，便会如官场中的大多数人一样，对失宠者白眼相向。但曾巩偏偏反其道而行之，面对欧阳修这样的宦海失意之人大唱颂歌，这便多少有点"不平则鸣"的味道，似乎是要为欧阳修翻案。

曾巩当然不会平白无故地力挺欧阳修，他这样做，既是出于对欧阳修多年提携之恩的回报，又是出于知识分子的道德操守，更是自身文学追求的必然。

曾巩 18 岁赴京赶考，20 岁入太学，献《时务策》于欧阳修。欧阳修见之，十分赏识，纳曾巩于门下，以"过吾门者百千人，独于得生为喜"盛赞曾巩。此后，曾巩应科举试落第，欧阳修又作《送曾巩秀才序》，称赞曾巩的文章"其大者固已魁垒，其于小者亦可以中尺度"。这种无以复加的提携，又怎能不让曾巩心存感激？只是，当欧阳修春风得意之时，地位卑微的曾巩无法将这样的感激表达出来，也不愿意用这样的表白来昭示自身跟欧阳修的特殊关系。现在，当欧阳修处在了逆境之中，曾巩才挺身而出，用自己的文字，为恩师摇旗呐喊。这样的呐喊，对曾巩而言，是"誓为恩师鼓与呼"；对欧阳修而言，则是"患难见真情"，是"雪中送炭"。虽然这样的真情，这样的"炭"，并不能改变惨痛的现实，却足以慰藉一颗伤痕累累的孤寂之心。

二

《寄欧阳舍人书》的前四段文字很有意思。

在简单介绍写这封信的缘起以及观诵墓碑铭的总体感受后，曾巩便将文章的重心移到了墓碑铭的意义剖析之上。曾巩说："夫铭志之著于世，义近于史，而亦有与史异者。盖史之于善恶无所不书；而铭者，盖古之人有功德、材行、志义之美者，惧后世之不知，则必铭而见之。或纳于庙，或存于墓，一也。苟其人之恶，则与铭乎何有？此其所以与史异也。"这段文字借助于铭、史之异同点的比较，在阐述铭志的警世作用的同时，其实也将另一种若隐若现的意义——文章的价值——隐藏在文字的背后。曾巩认为，能够载入铭和史中的事迹，只能是"功德材行志义之美"，而非世俗的浮名浊利。既然如此，那么欧阳修的遭遇贬谪，对他的高尚人格和学识文章又有什么影响呢？欧阳修不过是用自己的言与行，为青史留下了一个道德的标杆，彰显了一种迥异于时俗的道德操守。

接下来的两段文字，表面上看，是对欧阳修撰写墓志铭的资质的肯定。曾巩以一句"然则孰为其人，而能尽公与是欤？非畜道德而能文章者无以为也"的设问，确立了欧阳修"畜道德而能文章"的德艺双馨的品质。曾巩用自己的文字告诉世人，唯有拥有了这样的操守，才有资格为自己的"言行卓卓"的先祖父作墓碑铭，才有资格得到自己的追慕，才有资格享受自己的文字鼓吹。更何况，曾巩的这篇文章，又何尝不是一种特殊的铭和史呢？曾巩就是要用这样的鼓吹之作，将恩师的道德与文章抬举到无以复加的位置。

但这样的鼓吹，却又绝非类似于时俗的"一欲褒扬其亲而不本乎理"。曾巩之所以在文章中刻意抨击时俗的虚假，其真实用意只在于为自己对欧阳修的各种褒扬张目。曾巩既然不屑于此类的"虚美"与"隐恶"的行径，对欧阳修的各种评价，自然也就秉承了史家"不虚美，不隐恶"的实录风格。

如此，附加于欧阳修身上的各种评价，也就都是欧阳修完全担当得起的客观评判。这样的评判，如果只是为了给欧阳修作一个操行评定，却也并无太大的价值。但是，这样的一个德行兼备之人，却被逐出朝堂，只能在山水之间寻求一醉，其错是在欧阳修，还是在朝堂？这，应该才是曾巩写作本文的一个最重要的目的。

《寄欧阳舍人书》结尾部分的一大段文字，从欧阳修对曾巩的提携起笔，然后延展至欧阳修为曾巩祖父写墓志铭这件事。两件事的共同点，都落在欧阳修的乐于助人之上。由此，曾巩推演出这样的结论："世之魁闳豪杰不世出之士，其谁不愿进于门？"以此为出发点，曾巩又通过相关现象的列举，进一步推断出"此数美者，一归于先生"的结论。至此，天下所有的美德，似乎都被曾巩归结成了欧阳修的功劳。这样的抬举，已属登峰造极，却又情真意切。

曾巩写作本文时，年仅 29 岁。因其擅长策论，轻于应举时文，故屡试不第。加之以父亲病故，只好辍学回归故里，尽心侍奉继母。这时的曾巩，也称得上是处于困厄之中。或许正是这样的坎坷经历，才使得他对于来自欧阳修的赏识与提携有了格外的感激。这样的感激，因为没有任何的附加条件，才显得分外纯洁、分外缤纷。

至于表现自身的文学追求这一写作目的，文章中并未明说。然而，曾巩从韩愈、柳宗元、欧阳修处接受了"文以载道"的主张，自然就对"文"与"道"的关系格外关注。曾巩借感谢欧阳修给自己祖父写墓碑铭，提出了撰写铭志的两字原则——"公"和"是"，阐述了"道德""文章"之于儒者修养的重要性，强调"畜道德而能文章"。这些主张，正是"文以载道"的具体呈现。而他对逆境中的欧阳修的这份褒扬，也正是对"文以载道"思想的积极践行。应该说，这篇《寄欧阳舍人书》，本身就是"文以载道"理论和实践高度融合的产物。

三

上述解读，构成了《寄欧阳舍人书》思想与情感认知的主体内容。此种认知，为文言文教学中"文"的品读的重点。文言文教学，如果离开了对作品意义的深度感知、品味与吸收，便无从落实"文化传承与理解"的核心教学价值。

然而，仅只有宏观意义的剖析，却又难免丢失了"语言建构与运用"这一语文根基。学习《寄欧阳舍人书》时，亦需对文本中的重点词句进行咀嚼，品读出细微处的各种精妙。

下面这四个句子，属于《寄欧阳舍人书》中的理解重点与难点。学习课文时，可立足文句本身进行分析：

1. 善人喜于见传，则勇于自立；恶人无有所纪，则以愧而惧。

该句立足于宏观性的铭志价值而确立观点，目的在于树立一种应有的道德主张，使"善人""勇于自立"，使"恶人""以愧而惧"。曾巩认为，"善人"因为自身的言行举止能够"见传"，便愈发能够激励起向善之心，将更多的精力投入到做善事之中；"恶人"因为自身的所作所为"无有所纪"，便不得不反躬自省，既羞且惧，然后开始努力克服自身的种种恶言恶行，朝向"善人"的方向发展。这个句子，将两种表现、两种心态结合在一起进行对比，倡导人们积极行善，警戒人们畏惧恶行。

2. 及世之衰，为人之子孙者，一欲褒扬其亲而不本乎理。故虽恶人，皆务勒铭，以夸后世。

是什么样的原因，致使铭志丧失了使"恶人""以愧而惧"的教化功能，而代之以"虽恶人，皆务勒铭，以夸后世"的虚假呢？表面上看，是因为"为人之子孙者，一欲褒扬其亲"。按理说，人皆有情感偏向，戴了亲情的有色眼镜看亲人的行为，难免会从最善意的角度解读亲人的各种言行。也正因为如此，"不本乎理"也是人之常情。然而，倘若追根溯源，则可以发现，根本原因还在于世道人心的变化。"世之衰"，则礼崩乐坏，道德体系也便必然崩溃。从这一点而言，要想让每个人都明白善恶，懂得愧惧，最重要的工作，还是重构整个社会的道德体系。

**3.非畜道德者恶能辨之不惑,议之不徇?不惑不徇,则公且是矣。**

该句采用反问兼对比的修辞手法,凸显了"畜道德"的重要价值。积蓄了高尚的道德,则能够明辨是非而不被外界迷惑,议论公允而不徇私情;不积蓄高尚的道德,则只能是非不分、忠奸不辨、以私废公。这样的反问和对比,等于一道必须完成的选择题,迫使读者不得不在良心上作出自己的选择。这样的选择,能够让每一个回答者,给自己的道德良心打出相对客观的分数。尽管这样的分数,只有天知地知。

**4.故曰:非畜道德而能文章者,无以为也。岂非然哉?**

这个结论性句子,内容上通过对撰写铭文的人的道德和文章两方面的高要求,突出铭文"公正和实事求是"的特性,倡导人们向善愧恶;结构上承接段首的"非畜道德而能文章者,无以为也",引起下一段的议论以及对欧阳修的褒扬。有此一句,文章便前后贯通为一个整体。

## 四

作为唐宋八大家之一,曾巩的散文必有其卓越于寻常文章的独特之处。后世评价者认为,唐宋八大家中,曾巩为文最重章法结构。这一点体现在本篇作品中,便是文章以第一段为起与承,第二三段为转,四五段为合,不但起承转合运用自如,而且观点与论据材料贴合紧密,全文层层推进,最终水到渠成地落实了写作目的。

撇开宏观结构的精妙,单从修辞上而言,本文也存在着诸多值得学习借鉴的内容。其设问与反问针对性强,对比与排比高度概括,反复与回环相映成趣,用语古拙,完全跳出了由齐梁蔓延至大唐的骈体文的影响,呈现出北宋时期诗文革新运动的具体成果。

且欣赏下面几个句子:

1.警劝之道,非近乎史,其将安近?

该句运用了反问的修辞格，将铭文的警世劝诫的作用与史传作品相提并论，赋予铭文以史传相同的特性。即对人的善恶都一一加以记载。以反问的形式表现这一结论，可促使读者思考，能更好地触动读者的灵魂。

2. 然则孰为其人，而能尽公与是欤？非畜道德而能文章者无以为也。

该句运用了设问的修辞格，在自问自答中凸显"畜道德""能文章"与"公与是"之间的因果关系。唯有道德高尚，方能不被外物左右，不虚美，不隐恶，保证文章的客观公正；唯有善于写作，才能保证传情达意的正确，才能让文章有可读性。写作中运用设问，有利于强化重点内容，引起读者的高度关注。

3. 而人之行，有情善而迹非，有意奸而外淑，有善恶相悬而不可以实指，有实大于名，有名侈于实。

该句使用了对比兼排比的修辞格，以"情善"与"迹非"、"意奸"与"外淑"、善行与恶行、名与实的对比，揭示人性的丰富与复杂。排比手法的运用，起强调作用，概括力较强。

4. 为人之父祖者，孰不欲教其子孙？为人之子孙者，孰不欲宠荣其父祖？

该句采用反复兼回环的修辞格，以相同的句式构成词语的间隔反复，以"父祖—子孙—子孙—父祖"的回环，揭示亲情关系对铭志文章的公正的影响。两种修辞，都具有突出强调的作用。

# 在毁灭中建构真正的悲悯

## ——解读《祝福》中的三种死亡

引导学生认知《祝福》中的"我"这一形象时，脑海中突然冒出一种感悟："真正的悲悯，不是陪着弱者一起流眼泪，而是视弱者的悲伤、绝望甚至死亡为自身未尽的责任。"

《祝福》中的"我"，因为无法回答祥林嫂灵魂有无的问题而"匆匆的逃回四叔的家中，心里很觉得不安逸。自己想，我这答话怕于她有些危险"，因为祥林嫂的死亡而"似乎有些负疚"，进而想到"这百无聊赖的祥林嫂，被人们弃在尘芥堆中的，看得厌倦了的陈旧的玩物，先前还将形骸露在尘芥里，从活得有趣的人们看来，恐怕要怪讶她何以还要存在，现在总算被无常打扫得干干净净了"，想到"魂灵的有无，我不知道；然而在现世，则无聊生者不生，即使厌见者不见，为人为己，也还都不错"。"我"的这些心理活动，较之以鲁镇中其他人对于祥林嫂之死的麻木，体现出了特定时代的知识分子的独特情感诉求。此种情感的核心便是悲悯与无助。

"我"所代表的，是大变革时代中无法掌控自身命运却又渴望着承担社会责任的知识分子阶层。这样的"我"，不只出现在《祝福》中，也出现在《故乡》等其他作品中。以"我"之眼审视那个千疮百孔的年代时，"我"的眼中才会拥有"都和我有关"的"无穷的远方和无数的人们"，才会对"看得厌倦了的陈旧的玩物"的祥林嫂、"辛苦麻木"的闰土、"辛苦恣睢"的杨二嫂以及"辛苦辗转"的"我"都抱有一种深深的关切。

《祝福》中的"我"所思考并感到困顿的，其实也正是鲁迅思考并困惑的。思考与困惑的焦点，是"吃人"与"被吃"，生存与死亡。在鲁迅的笔下，死亡全部是承载着特殊意义的典型情节。透过对作品中的死亡原因的分析，可以更好地体悟作品中的"我"以及鲁迅的个性情感。

## 一、"贺老六之死"与"曾经的理想"

《祝福》中，贺老六绝非可有可无的配角，他的出现与死亡，分别构成了祥林嫂人生的峰顶与谷底。

祥林嫂虽嫁过人，但第一个"丈夫"祥林比她小十岁。由祥林嫂初到鲁镇时"年纪大约二十六七"可知，祥林死亡时的年龄不超过十六七岁，用现在的标准而言，还是青少年。十岁的年龄差，标明了第一次婚姻中的祥林嫂更多只是充当保姆角色，而非真正意义上的妻子。

贺老六则不同。《祝福》中，贺老六是唯一带给祥林嫂"好运"的人。因为贺老六"有的是力气，会做活"，或许也懂得疼爱祥林嫂，所以，那两年间，"母亲也胖，儿子也胖"。那两年中的祥林嫂，虽然依旧生活在贫寒之中，但至少有人关心呵护着，能够像正常人一样享受家的温暖。

然而，"坚实"的贺老六却"谁知道年纪青青，就会断送在伤寒上"。贺老六的死，不但让祥林嫂重新回到了孤苦无依的困境，更让她在随后的人生中不得不经受死后要被锯成两半的巨大心理恐惧，并最终为此而丧失生命。

如果贺老六不病死，祥林嫂的人生会如何呢？她将会和两千多年封建社会中数以亿计的农妇一样，在日复一日的劳作中一点点老去，最终走向生命的终点。她会成为母亲、祖母甚至曾祖母，会守着贫瘠的土地和贫寒的生活坚韧地生存，活成芸芸众生中既微不足道又不可或缺的一分子。

只是，贺老六病死了，祥林嫂的人生便由峰顶而迅速滑到谷底。

鲁迅先生为什么要给贺老六安排这样一种生命结局呢？这显然和鲁迅先生最初的学医救国的理想紧密相关。童年时终日在家和药铺间奔波的人生经历，让少年周树人深刻体味到因父亲的疾病而给家庭生活带来的巨大影响。一个家庭中，一旦作为顶梁柱的男主人病倒了，这个家庭便必然面临着覆灭的危险。为了避免这样的悲剧，青年周树人才会远赴日本学习现代医学，他希望用高超的医术拯救无数个像自己的父亲一样的病人，让他们重新强壮起来，重新支撑起一个家。

由贺老六的病死以及由此而引发的祥林嫂的人生悲剧，可以印证鲁迅最初确立的学医救国的理想并非全无道理。至少，如果医好了贺老六，祥林嫂就有可能会像一个山间农妇一样正常地生活到老。

## 二、"阿毛之死"与"吃人"

阿毛的死亡，是一个意外，也是一种必然。

祥林嫂说："我单知道雪天时野兽在深山里没有食吃，会到村里来；我不知道春天也会有。"祥林嫂的简单认知，显然不适宜无限险恶的生存环境。以简单来应对复杂，简单者必然被毁灭。所以，鲁迅为阿毛设置了葬身于狼腹的悲惨结局。

如果只从小说情节设计的合理性而言，阿毛死于野兽或者死于其他偶然事件，都不影响祥林嫂的命运悲剧。无论是何种原因丧失了唯一的生命依靠，祥林嫂都注定陷入孤苦的生命境况。

但阿毛必须在小说中被设计为死于狼口，这样的设计实在是主题表达的必然。在以"救救孩子"为呐喊的最强音的《狂人日记》中，鲁迅先生就曾借狂人之口虚构了一个吃人心肝的"狼子村"。在这个村子里，"一个大恶人，给大家打死了；几个人便挖出他的心肝来，用油煎炒了吃，可以壮壮胆子"。这些把大恶人打死，然后挖出其心肝炒了吃的"好人"，表面上满口的仁义道德，实际上却作着更大的恶。这样的人，就是鲁迅始终要批判的吃人之狼。

面对这些人，狂人相对警觉："他们会吃人，就未必不会吃我。"

是的，人是会被吃的，恶人因作恶而被所谓的好人杀了吃，好人更会被恶人杀了吃。《狂人日记》中，除了狂人之外，似乎人人皆为吃人者，又人人皆是被吃者。这就是特定的社会现实。

吃人的社会是不允许美好与希望存在的。《祝福》中，阿毛恰恰是祥林嫂的希望和未来。这样的"希望和未来"，倘若生活在一个正常的社会中，理应健康而快乐地成长为实实在在的"幸福果实"。然而，祥林嫂和阿毛的不幸，在于生活于"吃人"的社会之中。此种环境下，每一个人都必然面临着被"吃"的危险，尤其是纯洁的孩子。

所以，阿毛被狼吃了，而且也是被吃了心肝等五脏。这个情节，显然是鲁迅精心设计的一种隐喻。吃人的社会绝不会为卑微而善良的人提供生命的保障，就算是阳光明媚、惠风和畅的春天，狼依旧要出来吃人。

　　当然，阿毛被狼吃掉的情节中，或许还隐含了另一层意义：自然界的豺狼尚且可以防范，人类社会中的豺狼却防不胜防。因为人类社会中的豺狼，并非随时随地呈现着青面獠牙的恶相，很多时候，它还会伪装成良善者，先欺骗，后吃人。

## 三、"祥林嫂之死"与"国民劣根性"

　　《祝福》中，围绕着贺老六、阿毛和祥林嫂的死亡，鲁迅先生为我们精心设计了一组矛盾：贺老六和阿毛的死，虽都来自道听途说，却死因清晰；祥林嫂的死虽近乎亲眼所见，却缺乏清晰的死因交代。鲁迅先生只是借"我"与短工的对话，给出了一个最含糊的答案——"怎么死的？——还不是穷死的。"

　　"穷"当然很难成为直接死因。一个生命的消亡和"穷"关联时，只能是因穷而病、因穷而绝望等。小说中的"我"自然很想相信祥林嫂是"穷死的"这一结论，如果这个结论成立，则"我"的主观意识中因祥林嫂的死而产生的负罪感便可以消解。然而，理性却逼迫着"我"无法接受这样的结论，因为"我"更相信祥林嫂死于对灵魂的恐惧与绝望，而这样的恐惧与绝望，却又与"我"紧密相关。故而，"我"便始终陷入负疚之中而难以摆脱。

　　或许，在祥林嫂生命终结前一天的下午，"我"对她提出的灵魂有无的含糊其辞的回答，果真是压倒祥林嫂的最后一根稻草，但要探究祥林嫂的真正死亡原因，"我"的影响绝非关键元素。

　　太多的解读者习惯于沿用伟人对祥林嫂之死的评价，将祥林嫂的死归结为政权、神权、族权、夫权等四条绳索的捆绑，这样的归因固然有一定的社会学与阶级论价值，但这并非切合鲁迅的创作意旨。毕竟，卫老婆子、柳妈、祥林的妈妈以及鲁镇的所有女人，人人皆生活于这四条绳索的束缚之下，其他人能够苟活却只有祥林嫂死去，这说明祥林嫂之死一定另有原因。

如果从人与人之间的交往看，习惯于"顺着眼"的祥林嫂从第一次出现在鲁镇人的眼中，至其生命终结的十多年间，是始终没有遇到过一个能够以平等之心待她的伙伴的，无论是与其身处同样地位的四叔家的短工，还是柳妈之类的所谓"善女人"，都似乎从未将祥林嫂看作一个值得同情与怜悯的同类。在鲁镇，祥林嫂的存在价值，只是让原本处于最底层的人们惊奇地发现，在自己的脚下，还有更底层的人在挣扎。于是乎，这些原本也是被侮辱被损害的人，便拥有了一种生命的优越感，便能够以强者的心态冷漠地打量他人的悲鸣。从这一点而言，祥林嫂更多是死于所有人的冷漠无情。

这，便是鲁迅最感痛心的国民劣根性。身患此病的国人，被害又害人，被吃又吃人，人人皆属"哀其不幸，怒其不争"之徒。正是无数个具有劣根性的鲁镇人汇集起来，共同打造出一把永远也无法挣脱的精神枷锁，才把祥林嫂锁死在了精神、情感与肉体的恐怖屋中，让她虽竭尽全力地挣扎，却始终四处碰壁，始终无法握住任何一根救命稻草。最终，她只能在这样的恐惧与无助中，耗尽生命最后的能量。

在鲁迅的其他小说中，视他人灾难为茶余饭后的谈资的庸众绝非少数。《药》中的驼背五少爷、花白胡子以及茶馆中的诸多茶客，《阿Q正传》中围观阿Q被处死的看客，包括苟活时的阿Q自己，每一个人的存在，都未能给他人带来生命的温暖润泽，反而直接或间接地构成他人生命的破损。这样的人，鲁迅"一个都不宽恕"。

《祝福》中，其实还隐藏了更多的死亡。比如，旧有的封建制度的形制的死亡，"我"的理想的死亡，庸众们同情心与悲悯意识的死亡等。正是这无数的死亡，组合成了一个必须推翻的黑暗腐朽的社会。在这样的社会中，鲁迅先生总希望用他的笔作武器，把所有的丑恶一览无余地解剖出来，以期警醒看客与庸众。这，应该就是鲁迅先生的向死而生，是一个知识分子对于时代而生成的大悲悯。

# 识 "渐"、守恒与正心

## ——丰子恺《渐》主题意蕴探微

丰子恺先生的《渐》，收录于粤教版高中语文必修二。

在配套的教师教学用书中，《渐》的写作主旨被教材编写者设定为"由浅入深，通过对人的生命历程中渐变规律的描述和分析，唤醒人们的时间意识，激励人们要把握好时间，把握好生命，做一个有'大人格'、'大人生'的人"。

《渐》是丰子恺1925年创作的散文，那一年，丰子恺27岁，处于一个男人最灿烂的年龄。

丰子恺16岁时考入浙江省立第一师范学校，师从李叔同学习绘画和音乐。四年后，李叔同在杭州虎跑寺出家，法号弘一。李叔同对丰子恺的一生影响巨大。

21岁时，丰子恺从师范学校毕业，组织发起"中华美育会"，创办《美育》杂志。随后与同学数人创办上海专科师范学校，并任图画教师。23岁时东渡日本短期考察，学习绘画、音乐和外语。24岁回国到浙江上虞春晖中学教授图画和音乐，与朱自清、朱光潜等人结为好友。

写出《渐》的1925年，丰子恺成立立达学会，参加者有茅盾、陈望道、叶圣陶、郑振铎、胡愈之等人。两年后，丰子恺追随弘一法师皈依佛门，法名婴行。

梳理丰子恺这个阶段的人生轨迹，我竟然联想起已经辞世的台湾作家林清玄的散文《可以预约的雪》，联想到那篇文章中探讨的"因缘""变"与"恒常"。我以为，《渐》所呈现的，或许更多也是对于变化和恒常的个性化思考。所谓的激励、唤醒、大人格、大人生，只是读者强加的"光明的尾巴"。

人生的各种趣味，全都隐藏在聪明与糊涂之间。一部分人，在该聪明时聪明，该糊涂时糊涂；另一部分人，则在该聪明时糊涂，该糊涂时聪明。于是乎，前一种人便能将寻常的生活经营成有滋有味的喜剧，起承转合处，张弛有度，浓淡适宜；后一种人则会将本该精彩的故事，续写成杂乱无章的梦魇，意念流转时，花谢草枯，天昏地暗。

从作者的创作意图看，《渐》呈现给我们的，显然是一种"该聪明时的聪明"。《渐》的聪明，除了体现为作者对人生中"渐"的力量的清醒认知，还体现为作者面对"渐"的世界而呈现出的主动接受与坦然面对。在丰子恺的眼中，任何一种寻常的现象，背后都隐藏了一种无法抗拒的力量，推动着现象中的所有生命，一步步向终点行走。在这样的行走中，手持单程车票的天地万物，无一例外地繁衍着、成长着、凋谢着、消亡着。"阴阳潜移，春秋代序""衰荣生杀"，在貌似恒久不变的韶光中，"用每步相差极微极缓的方法来隐藏时间的过去与事物的变迁的痕迹"。丰子恺认为，人生唯有清醒地认识到这样的"渐"，接受这样的"渐"，进而"不为'渐'所迷，不为造物所欺，而收缩无限的时间并空间于方寸的心中"，最终才能够成就一份"大人格""大人生"。

对于芸芸众生而言，《渐》所展示的，却又未尝不是一种"该糊涂时的糊涂"。唯其糊涂，才会"虽到了饥寒病苦刑答交迫的地步，仍是熙熙然贪恋着目前的生的欢喜"，才会"一息尚存，总觉得我仍是我，我没有变，还是留连着我的生"。此种对于"渐"的"无知无识"，守护的又何尝不是内心深处的一份恒常。尽管这样的恒常，缺失了变革的力量和进取的意义，极易让人生由此而黯淡了光彩，消弭了锋芒，却也能够呵护住灵魂深处的安宁、平和，用中庸与迟钝化解对于"渐"的敏感与焦躁，使人们安于庸常的现实，平平淡淡地经营自己的生活。

这个世界，所有的人，并不全然需要以超乎寻常的清醒意识，赋予每一天、每一个时辰以现实的积极意义。即使是最伟大的灵魂，也不会总惦记着这一秒钟和下一秒钟的递进中如何让生命更有价值。宏观上保持聪明，辅之以微观上难得糊涂，抓大放小，是聪明人应对纷繁复杂的社会事件的理性选择。唯其如此，成年后的"我"，才会清醒地认识到"往年除夕，我们曾在红蜡烛底下守候水仙花的开放，真是痴态"。孩童时代的"我们"的"痴"，在于无视了"渐"的客观性，只幻想着水仙花能够依照"我们"的心愿，在"我们"想要它开放的时候，便立刻绽放。这样的一厢情愿，自然是未得省察"渐"的真谛。成年人若然依旧如孩童这般"浪漫"，便未免过于幼稚。

二

《渐》中，有几个词句在理解上存在较大难度：

其一，"故虽到了饥寒病苦刑笞交迫的地步，仍是熙熙然贪恋着目前的生的欢喜"中的"熙熙然"和"欢喜"。要理解这两个词语的含义，先要弄清它们的表面义，即词语本身的意思，然后结合具体的语境，分析这两个词语在特定语境中的意义，看其意义是否发生了转移，最后还要结合具体语境，阐释其句中的意义。该句中的"熙熙然"本指人的温和、欢乐的状态，"欢喜"也是突出人的内心的愉悦的情感体验。这两个词汇用在句中，采用形象化描绘的手法，通过"饥寒病苦刑笞交迫"的生存环境和"熙熙然""欢喜"的生存情感的对比，从根本上揭示"渐"对灵魂的麻醉作用。

其二，"倘水仙花果真当面开放给我们看，便是大自然的原则的破坏，宇宙的根本的摇动，世界人类的末日临到了"句的含义。这句话将原本并无关系的几件事强行拉扯到一起，在故意性的强加因果中，突出强调"水仙花果真当面开放给我们看"的不可能性。这里的"不当面开放"，并非指向人类真的就看不到水仙花的"当面开放"，而是指水仙花不会依照人们的心愿而违背了自己的生长规律开放。如果人类可以依照自己的意愿，随心所欲地让水仙花在需要开放时便立刻开放，自然也就破坏了水仙花生长的规律，撼动了万物存在的根本。人类也会因为这样的欲望而"末日临到了"。

其三，"'渐'的作用，就是用每步相差极微极缓的方法来隐蔽时间的过去与事物的变迁的痕迹，使人误认其为恒久不变"。

在这段文字前面的一个段落，作者通过对几件具体的事件的描述来呈现"渐"的特点；在这段文字的后面，作者又通过农夫抱牛的故事，进一步体现"渐"的隐蔽性。这段话，夹在两处具体描绘之间，承上启下，穿针引线，将抽象意义的"渐"具体化为行走后留下的"痕迹"，通过比拟手法的运用，形象地揭示出"渐"的隐蔽性特征。这样写，表意明确，用语典雅，文学性较强。

其四，下面这段文字——

试看乘火车的旅客中，常有明达的人，有的宁牺牲暂时的安乐而让其坐位于老弱者，以求心的太平（或博暂时的美誉）；有的见众人争先下车，而退在后面，或高呼"勿要轧，总有得下去的！""大家都要下去的！"然而在乘"社会"或"世界"的大火车的"人生"的长期的旅客中，就少有这样的明达之人。

这段文字采用了比喻论证的手法，通过乘车这样的可见的实事来解读抽象的人生。语文教师要引导学生知晓，这样写可以寓深刻的道理于浅易的故事之中，有利于深入浅出地阐释事理，揭示"渐"的特征和内在规律。读者阅读时，也容易形成情感共鸣。

其五，《渐》中，作者引用中国古代诗人白居易的"蜗牛角上争何事？石火光中寄此身"和英国诗人布莱克（Blake）的"一粒沙里见世界，一朵花里见天国；手掌里盛住无限，一刹那便是永劫"作为全文的结束。这样的收尾，既以诗歌的丰富内涵为文章结尾留下更广阔的思考空间，也用诗歌中蕴藏着的丰富情感感染读者，将读者带入诗情和哲思之中。与直接点题相比，这样写，韵味更加悠长，情感也更加悠长。

三

阅读丰子恺先生的《渐》时，还会联想到另外两篇文章：《赤壁赋》《我与地坛》。东坡居士渴望以"不变"之理慰藉伤痕累累的灵魂，史铁生先生则将死亡看作一个不必急于求成的"节日"，然后将一颗心完全交付给"怎么活"。这两位智者，显然都对"渐"有着异常清晰的认识，也就开始想方设法地经营自己的那份生命，让它能够在"渐"的魔力下，尽可能多地拥有一些特殊的意义。

东坡居士和史铁生先生当然都是了不起的思想者，故而，他们的所思所见，自然也就超乎常人。寻常百姓的生活，却不会有这两位智者的"波澜"，也难以达到他们的"壮阔"，因之也就极容易在"渐"的力量的作用下，"天真烂漫的孩子'渐渐'变成野心勃勃的青年；慷慨豪侠的青年'渐渐'变成冷酷的成人；血气旺盛的成人'渐渐'变成顽固的老头子"。比较这两种结局，也就可以发现，原来，同样是"渐"，也存在着两种可能性：一种是渐渐朝向理想的方向发展，一种是渐渐朝向不理想的方向发展。

人生中，或许会有很多的"渐"无法抗拒，比如时间以及因其发展而形成的各种生理变化。面对这样的"渐"，能做的，似乎只一个词汇：正心。所谓"正心"，无外乎端正了心态，以豁达、乐观的情感，坦然接受客观的规律。一个人可以想方设法用护肤品呵护自己的肌肤，尽其所能延缓皮肤的老化，却无法奢望 60 岁时依旧拥有 16 岁的青春活力。倘若能够正视"渐"的力量，在每一个生命节点上，都通过适宜的人生规划，为这一段生命旅程附加一种独特的意义，则"渐"也就可以成为一种正能量，帮助我们不断地丰富人生。

有一个成语，叫作"防微杜渐"，意思是说，当错误的思想和行为刚有苗头或征兆时，就加以预防与制止，坚决不让它继续发展。如果我们面对的思想和行为是正确的，那又该如何去做呢？生活在当下的安宁与平和之中的我们，或许正该以一种积极的、乐观的情绪，把握住人生的每一阶段，用我们的努力，让"微"有意义，让"渐"有价值，如此，"微"与"渐"便无须"防""杜"，而是大力倡导了。

丰子恺先生创作《渐》的年代，社会急剧动荡，各种矛盾空前激化。特定的时代背景下，《渐》呈现给读者的论据材料，也就多体现为灰暗的色彩。这样的立意与选材，显然带有强烈的讽喻意味。丰子恺先生或许正是借各种"渐坏"的结局来警醒世人，让人们放下心头的非分之念，正视生命的应有意义与价值。从这点看，《渐》的写作目的，便有了佛家劝人向善的济世特性。

# 做一个真实而有价值的人

## ——我读《人生的境界》

哲学家冯友兰先生所作的《人生的境界》一文，从 20 世纪 80 年代至 21 世纪的前几个年头，一直收录在高中语文必修篇目中。这篇课文，曾在一定程度上开启了万千学子的哲学思辨之门，引导十六七岁的高中生从四个不同的境界发现生命存在的价值意义。

今天，这篇老课文已退居二线，成为人教版选修教材中的篇目，但我还是想谈一谈它。我觉得，今天的高中生更应该读读这篇文章。

一

从体裁上看，《人生的境界》属于哲学论文。

但凡论文，其题目要么是论题式，要么是论点式，总是要明确地告诉读者此篇文章的论述重点是什么。研究"人生的境界"这个题目，我们可以发现，这个偏正关系的名词短语的核心是"境界"。由这种偏正短语的结构特点，我们可以了解本文属于论题式题目。也就是说，这篇哲学论文，应该是围绕着"境界"这一核心问题；谈论和"境界"相关的各种哲学问题。

然而，研读课文的开头和结尾两大部分，再结合课后练习中的相关思考题，却会发现这篇《人生的境界》所要着力探究的，其实并不是人生的四个不同境界，而是哲学的任务。这篇文章，其实更应该命名为"哲学的任务"，那样才更符合论文的命题特点。

也就是说，如果我们把这篇哲学论文仅仅当作一篇十分普通的议论文来读的话，那么，这篇文章的中心论点应该是"哲学的任务，是提高人的精神境界"。至于文章主体部分所分析的四种不同的人生境界，实际上都只是用来论证中心论点的理论材料，属于议论中的"讲道理"部分而已。

把《人生的境界》视作一篇普通的议论文，我们可以从中学习到很多议论文的写作知识。

首先，这篇文章在引论部分，开宗明义，借助一个设问句"哲学的任务是什么？我曾提出，按照中国哲学的传统，它的任务不是增加关于实际的积极的知识，而是提高人的精神境界"，在自问自答中直接摆明了全文的中心论点。这样的开头，单刀直入，决不拖泥带水，有利于读者迅速把握全文主旨。此种写法，是考场作文和平时议论文写作中必须掌握的基本入题技巧。

其次，议论文最难把握的是议论的层次。本文在提出了中心论点之后，进入本论部分的理论阐述。在这个部分中，作品采用了"总—分—总"的论证结构形式。先是设置了一个总论，以人对自身行为的"觉解"而引出四种不同的人生境界；然后采用并列式结构，把这四个境界分条别类进行论述；最后，再回归到总体论证之上，扣住中心论点，进一步阐述哲学的任务问题。这种结构样式，实际上早在学习《谈骨气》之类的简单议论文时，就已经初步涉及。到了本文，则是上升到一个更复杂的高度。

最后，本文的结论部分也十分简洁有力。议论文的写作，常规模式下总要在结论部分联系现实生活。本文在分析了如何提升人生的境界之后，就联系到中国哲学和圣人这些中国化的内容。这种联系，就是突出了中国的社会现实，就是突出了文章为中国的社会现实服务的特点。

二

但我们又不能只将文章看作寻常的议论文，而是必须紧扣该文的创作背景，从文章阐释的学理之外，寻觅另一种解读方式和解读内容。

《人生的境界》成文于抗日烽火之中。在那山河破碎、生灵涂炭的时代，哲学家冯友兰为何要大谈人生的境界问题呢？他所追求的，是一种超脱于政治纷争和民族斗争之外的纯学术研究，还是要通过这种境界的探讨，来间接服务于时代？

要回答这些问题，还需要从课文中寻找答案。冯友兰先生认为，人类做事的意义本是客观存在的，有功利的意义，有道德的意义，有天地的意义。但是，人们的觉解的程度是不同的，觉解了，就处于觉悟状态；不觉解，就处于"无明状态"。人生的意义各不相同，人生的境界也就各不相同。依照由低级到高级，我们可以把各种不同的人生境界划分成四个等级，即：自然境界、功利境界、道德境界、天地境界。比如，自然境界的人"可能只是顺着他的本能或其社会的风俗习惯。就像小孩和原始人那样"，这样的人在民族危难时刻就有可能在"有奶就是娘"的生存理念支配下变身为汉奸；道德境界的人做事是为了"正其义不谋其利""所做的都是符合严格的道德意义的道德行为"，这样的人就能够在大是大非面前挺直了腰杆做人。

明白了人生境界的差异带来的行为举止上的不同，对于乱世之中正视并合理利用人性而形成积极的力量，具有极其重要的价值。其中，对于居于人口绝大多数的功利境界中的芸芸众生，更具警醒价值。大多数人都具有利己的功利之心，但利己决不能以不道德、以侵害他人为代价。功利境界中的人，其动机是利己的，其后果则应是有利于他人。

这里，我们需要特别注意的一个词汇是"觉解"。对于这个词，课文的注释是"了解和自觉"。结合前后语境来看，也就是说，一个人无论做什么事情，都应该是既了解他自己在做什么，还要自觉地在做。

那么，冯友兰先生在创作《人生的境界》时，是不是也处于一种"觉解"之中呢？其实，细读课文的主体部分，我们就可以发现问题的答案了。

四种人生的境界，有着明显的高下之分。撇开纯自然境界不看，功利境界的人，其生活的目的大多十分明显，那就是"利己"。尽管这种人不一定就是一个不道德的人，但是，这种人的生存目的，就是为了自身的快乐和幸福。可能他的利己也会带来利他的良好结局，但不可否认的是，当他的个人利益和他人利益、团体利益乃至国家利益相冲突时，他很难会舍"小我"而成就"大我"。

而道德境界的人，"觉解"到了自己是社会中的一分子。因为这种觉解，他就能够为社会做各样有益的事情，并且，他还把这种行为落实为一种"自觉地做"。这样，当他的个人利益和他人利益、团体利益相冲突时，他首先考虑到的是他人和团体。他也就能够在关键时刻舍"小"而取"大"，舍生而取义。

功利境界的人，是"现在就是"的人；道德境界的人，是"应该成为"的人。也就是说，每一个个体的生命，实际上都存在着一个需要由功利境界而提升为道德境界的过程。之所以要这种提升，是因为只有如此的提升，才能够让全社会都放弃个人的"小我"，而为了民族和国家的"大我"去奋斗、去流血牺牲。从这儿，也就不难理解冯友兰先生写作本文的用意了。在民族危亡的关键时刻，先生实际上是从哲学的任务的角度，来唤醒全民族献身抗战的理想和激情。

## 三

冯友兰先生的这种隐性的思想教育方式能否被读者接受呢，或者说，读者从《人生的境界》中所接受的，是否是冯先生所渴望表达出来的呢？答案似乎已经并不重要。重要的是，我们的读者，在阅读过《人生的境界》之后，从四个不同境界中，往往会自然地抛弃了缺乏觉解的自然和功利境界，而自觉地去实践道德境界，并向着天地境界而不断努力。这就实现了冯先生的创作目的。

很多年前，在一部作品中看到这样一段虚拟的对话场景：

一记者前往山区，碰到一放羊娃。记者问："你放羊为了什么？""卖钱。""卖了钱干什么？""娶媳妇。""娶了媳妇呢？""生孩子。""有了孩子呢？""放羊。"

放羊娃的人生境界，属于典型的自然境界。其放羊、娶媳妇、生孩子等生活形态与愿望，只建立在其生命本能或其社会的风俗习惯层面。

随着社会的高速发展，这类近乎原始的生活模式早已在时代大潮的冲击下迅速消解。眼下，更多的人却又陷入了"精致的利己主义者"的泥淖之中。这些"精致的利己主义者"，接受过良好的教育，拥有稳定的职业，追求自由、民主、平等，却又自私、偏狭、冷漠。如何将这样的灵魂引入道德境界甚至天地境界之中，或许正是语文教师应该承载的重要教育使命。

从眼下的学习实际来看，我们的学生基本上都是脱离了自然境界的人，也基本上都没有达到天地境界。那么，我们所置身的，就或是功利境界，或是道德境界。在这两种境界中，前者是眼下不需要努力就已然可以达到的，而后者却要依靠我们的"觉解"来实现由"了解"而到"自觉"的奋斗过程。当然，人的生存目的各不相同，我们并不需要强迫所有的人都达到道德境界，但即使是停留在功利境界中，我们也要注意一个问题，那就是，我们的利己，应该不以伤害或牺牲他人的利益为前提。而是要在主观为自我的同时，力求达到客观为大家的效果。

既然人生有着明显的四种境界，而这四种境界又有着高下之分。那么，每一个读过此文的人，就应该考虑这个问题：我目前处于什么样的人生境界，我希望自己达到什么样的人生境界。

我想，这就是这篇课文应该永远存留在教科书中的最好理由。

# 民俗背后的生存哲学

## ——《北京的春节》主题意义浅析

以前，每次执教《现代散文选读》时，都不太愿意选教老舍先生的《北京的春节》。一是因为这篇课文缺乏拨动心灵的初读感悟，所写之事看起来与"我"毫无关联；二是因为文章语言平实，结构略显散乱，内容上也貌似缺乏深意。

然而，当我因为执教示范课的需要而不得不静下心来研读该文时，却透过浅近的文字感悟到了一颗敏感而细腻的心。这颗心中装着的，不是教学参考书上所说的"对比新旧社会的春节，突出了新社会移风易俗、春节过得欢乐而健康，表达了作者对新中国、新社会的赞美"，而是对正在消逝的老北京春节的民风民俗画卷的不舍。我认为，老舍先生写作此文，就像最近20年以来冯骥才先生的写作，很大程度上是为了用文字记录下这些凝聚了美好记忆的传统文化形式，为后世子孙存一份值得追忆的资料。

一

在《老舍散文三十八讲》这本书中，兰州大学中文系教授、中国现当代文学专业博士生导师吴小美女士对《北京的春节》作了这样的评述：

《北京的春节》写的是北京，其实也是中国春节的缩影，只是更重地方风俗，更有地方特色。值得重点体味的是，作家在详述北京春节的风俗民情时，是带有自己既肯定赞美又围绕着这风俗是否有"迷信色彩"，而委婉地传达出自己一种矛盾复杂的感情的。

吴教授解读出的这种"矛盾复杂的感情",显然比个别学者只凭借了文章结尾段的几句话便断定作品旨在"怀着'狂喜'的心情,歌颂新中国的伟大和光明"要精准得多。其实,从一篇文章的选材与组材中,并不难发现作者的真实写作意图。如果老舍先生只为了歌颂新时代的"革命化的春节"的移风易俗,那他为何要花费那么多的笔墨有滋有味地细说从腊月初八到正月十九这么长时间的各种琐屑之事?"歌颂新中国的伟大和光明"只应该描绘随着新中国一起诞生的那些新民俗新风尚,不应该大篇幅回忆旧时代中的那些年味十足的旧民俗旧民情。

　　一篇文章的诞生,当然离不开特定的创作背景。

　　1949 年 12 月,客居美国三年零九个月的老舍应周恩来的邀请回到北京,出任政务院文教委员会委员。百废待兴的新中国虽然物质条件异常艰苦,但人们的精神面貌却焕然一新。老舍先生目睹了这些新的变化,欣然提笔写作出《我热爱新北京》。这篇散文运用对比手法,从下水道、清洁、灯和水四个方面描绘出新时代带来的物质生活与精神生活的改变。文章的写作重心落在新时代的成就之上。

　　应该是在写作《我热爱新北京》的同一时间段内,老舍先生写作了这篇《北京的春节》。

　　其时——1951 年 1 月——正是老北京人忙忙碌碌准备春节的日子。新中国成立之初的种种艰难,似乎丝毫也没有影响到北京人那种天生的爱玩爱闹的个性,人们一如既往,从腊八开始,就拉开了过年这出大戏的序幕:熬腊八粥,泡腊八蒜,赶制年货,做新衣新鞋……

　　这份如火的热情,显然感染了作家老舍。人民艺术家凭借着敏锐的观察力,及时捕捉住这辞旧迎新日子里的生存哲学命题,于是,他用自己的如椽巨笔,平实而细腻地记录下普通百姓柴米油盐中的热闹喜庆,并将其升华到民生意义的层面上,来讴歌赞美千年民俗背后的生命活力与生活本真。

# 二

从文字的表象上看，《北京的春节》内容琐屑繁杂，头绪众多，行文虽以时间为顺序而展开，但叙事时有穿插，且多概括叙述，缺少精彩细节描绘。这样的文字，似乎只是饱经风霜的老人，守在冬日温暖的阳光中，边晒太阳，边有一句无一句地闲聊往事的生成物。然而，倘若我们能耐下心来，丢下手中的咖啡，泡上一杯绿茶，边品味茶的幽香边玩味文字的疏淡，那么，我们就可以透过红尘凡俗的缤纷热闹，体味到一个作家对民生的深切关注。

现在，让我们回到课文中，随着老舍先生的文字，一点点品尝这老北京春节的浓浓年味儿。

先品尝品尝老舍先生为我们斟出的第一道茶——食。

《北京的春节》，是从"食"开始的。先是祭祖祭神的"腊八粥"，再是过年吃饺子用的腊八蒜，三是饺子，四是各种干果和小吃，五是除夕年菜。这五点中，老舍先生集中笔墨介绍腊八粥，顺带交代腊八蒜，后三点，皆一笔带过，在精当的详略安排中，突出了"五谷丰登"对于百姓生活的重要意义。

第二道茶——行。

北京的春节，男男女女老老少少似乎都在忙碌着，寒冷并不"减少过年与迎春的热情"，相反，整个城市笼罩的，是节日的浓浓温情。从有皇帝的时候，或者更久远的时代起，人们为了过年，都这么高高兴兴地四下奔波，尽管腰包里并不一定有多少余钱，尽管灶头上并不见得有多少鸡鸭鱼肉，但人们的情趣照样浓郁，心情照样愉悦。

第三道茶——情。

对寻常百姓而言，构成春节的最重要元素，不是山珍海味，不是绫罗绸缎，而是一种劳碌中的自得。《北京的春节》为我们渲染的，也正是这种建立在自足、自得与自乐基础上的人间烟火味儿。无论是年前的操劳，年后的热闹喜庆，还是走亲串友、放炮观灯中的自由自在，过年带给平民百姓的，是暂时丢开了生活重负后的休憩，是辛劳一年之后的短暂放松。在这休憩与放松中，人们从各自的人生体验出发，感悟着平凡生活赏赐的平凡快乐，体验着和平环境中的寻常幸福。

第四道茶——理。

任何民俗行为的背后，总存在着浓郁的理趣。北京人春节中的种种活动，体现的是北京人享受生活的一份生存理念。这样的生存方式，依托的是千年传承的民俗文化，是代代沿袭的人生哲学。它并不受政权更迭的左右。

老舍先生的四道茶，呈现的都是"去阶级性"和"去时代性"的民俗民情。这些民俗民情，有皇帝的时代如此，民国时如此，新中国依旧如此。在老舍的心中，这些就是中华民族生生不息的文化的象征，就是中国人世代相传的传统。这些，无须舍弃，也不能舍弃。

## 三

品尝完这四道茶之后，我们再来探究《北京的春节》一文的主题意义，便可以发现，这个文本所要呈现的，其实在于民俗活动背后安宁平和的生活画卷，在于普通百姓心目中对美好生活的热爱。

教学参考书中关于《北京的春节》的主题分析，在上述两点意义之外，又增加了"并在对比中歌颂了新中国的美好变化"这一闪光点。这是否符合老舍先生的创作本意呢？我的答案是否定的。作为读者，我们必须留心文章结尾处的这样几个句子："也许，现在过年没有以前那么热闹了，可是多么清醒健康呢！以前，人们过年是托神鬼的庇佑，现在是大家劳动终岁，大家也应当快乐地过年。"这段文字，表面上看，确实是讴歌了新时代倡导的破除迷信带来的"清醒健康"，实际上，"清醒健康"的背后，紧跟着的是"没有以前那么热闹"的遗憾。这种遗憾，是对传统民俗活动正在消失的惋惜，是对可能会发生的更多民俗传统消失的担忧。可以说，正是这样的担忧，才催生了老舍先生的系列民俗文字。先生写作这组文章，实际上是试图用他的笔，将可能在时代发展中消失的一种生存状态记录下来。

文为心声。透过文字背后隐含的主题意义，我们读出的是一个老北京人对沿袭多年的传统民俗的喜爱，是对民俗活动中呈现的健康快乐的民生现象的钟情，是对百姓安居乐业、丰衣足食的祝愿与期待。我想，在老舍先生看似拉杂的文字背后，我们需要了解的，正是这种对民生的深切关注，而《北京的春节》所要揭示的，也正是这寻常生活背后的百姓生存哲学。

# 给热爱搭建一副支架

## ——刘白羽《长江三日》创作意旨解读

站在 21 世纪的思想平台上，回望 20 世纪 60 年代初的那些散文时，很多人的嘴角边，满挂着讥讽与不屑。因为他们看到的，全然是宏大叙事背后的惨痛现实，是决策失误带来的饿殍遍野，所以，他们拒绝这类粉饰，拒绝用文字营造出的精神幻象。

然而，这样的"后知后觉"，固然能够促使当下的读者在反思中总结历史的经验教训，却无法解读那时的作者的创作意旨。以杨朔、吴伯箫、贺敬之、秦牧、刘白羽为代表的一代文学家，为何会在 50 年代末的民族灾难中集体性选择讴歌，又集体性放弃批判呢？这或许才是最值得关注的一个问题。要回答这个问题，不妨以《长江三日》为例，通过《长江三日》中景、情、理的有意或无意呈现，来解读那个时代的共性化文学价值诉求。

一

从景物描绘上看，《长江三日》展示在读者眼前的，是恶劣与优美共生、毁灭与新生共存的独特风物。一方面，大自然以其神奇的手，将三峡一带的长江摆布成充满凶险、随时可能殒命的修罗场；另一方面，却又赋予了长江如诗如画的风采神韵。这样的景致，进入文学作品中，自然就容易派生出多元化的意义。这个意义的最浅层内涵，在于告诉读者，社会的发展和生命的前行，都如这万里长江上的航行一样，必然是处处有暗礁，处处有险滩，但也处处有风景，处处有希望。这一点，在第二天航船中所见的三峡风光中，已经得到了极好的体现。且不说风景如画的巫峡，即使是凶险异常的西陵峡，也不乏各种各样能称之为"风景"的景象。

《长江三日》景物描绘的另一层文学内涵，在于一切艰难险阻的可战胜性和短暂性。夔门的雄奇，西陵峡的凶险，最终都被转化为一种独特的风景，并未影响"江津号"的航程。在这战胜凶险的过程中，人类却收获了一种独特的激情："我觉得这是我所经历的大时代突然一下集中地体现在这奔腾的长江之上。是的，我们的全部生活不就是这样战斗、航进、穿过黑夜走向黎明的吗？"这样的浪漫情怀，如果置放在风平浪静的行程中，便毫无意义。

《长江三日》景物描绘的更深层内涵，在于构建一种积极的心理暗示。这一暗示的核心，在于用三峡的波澜壮阔，影射现实生活的波谲云诡。课文中，有一处看似随意的描写，其实极有价值：

> 现在，船上的人都已酣睡，整个世界也都在安眠，而驾驶室上露出一片宁静的灯光。想一想，掌握住舵轮，透过闪闪电炬，从惊涛骇浪之中寻到一条破浪前进的途径，这是多么豪迈的生活啊！

这段情景交融的文字，其实是《长江三日》中一切思考和发现的"根"。试想，在三峡的航行过程中，如果没有对掌舵者的绝对信任，总是担心着巨轮撞向了礁石而沉没的人，哪里会有心情观赏沿途的风景？能够把最凶险的行动都当作风景来观赏的人，自然是对掌舵人充满了绝对的信任。因为坚信掌舵人有足够的能力引领航船闯过各种各样的艰难险阻，最终顺利抵达终点，"我"才会有心情把一切都看成风景。刘白羽以及同时代的作者，共同坚信困难的暂时性，共同坚信新的政权有足够的能力引领她的人民走出灾难、走向辉煌，自然也就会刻意淡化自然景象中的凶残与毁灭，而只突出描绘具有风景价值的那一部分内容。

二

从情感表达看，《长江三日》在创作意旨的表达上，往往不吝于直抒胸臆。刘白羽在第一天的文字中，将长江上的航行，跟时代生活直接联系起来，将社会的发展归纳成"战斗、航进、穿过黑夜走向黎明"的必然过程。这样的浪漫情感，显然具有鲜明的时代特征。第三天的文字中，刘白羽又将长江上的航行、社会的发展和《狱中书简》结合在一起，从而构建起超越国家特性的更为宏大的抒情模式。在这样的抒情模式中，刘白羽感受到的，是"不管在亚洲还是在欧洲，在美洲还是在非洲，一切先驱者的血液，凝聚起来，而发射出来的最自由最强大的光辉"。这样的情感，显然跟长江景色已经毫无关联。它所展示的，已然是现实社会的价值诉求，是当时社会语境中的生命意义宣言。

如果将刘白羽的直抒胸臆的句子从课文中全部剥离出来，就可以发现，这些语句，都直接指向《长江三日》的真实创作意旨，而非指向长江上的这次航行。也就是说，刘白羽在《长江三日》中的直接抒情，并没有停留在对山川景物的讴歌与赞美之上，而是着眼于人类与艰难作斗争的行为，着眼于"革命者"流血牺牲开辟美好未来这一行为。或许，用吴伯箫《记一辆纺车》中的话语来表达这样的情感，更为准确：与困难作斗争，其乐无穷。《长江三日》中呈现的一切景物与情感，不都是在与长江中的凶险作斗争的过程中获得的吗？

## 三

从事理呈现看，《长江三日》的创作意旨在文章中表现得更为直截了当。无论是第一天中的"我们的哲学是革命的哲学，我们的诗歌是战斗的诗歌，正因为这样我们的生活是最美的生活""前进吧！这是多么好啊！这才是生活啊！"，第二天中的"人从汹涌浪涛中掌握了一条前进途径，也就战胜了大自然了"，还是第三天的"过去，多少人，从他们艰巨战斗中想望着一个美好的明天呀！……最自由最强大的光辉"这一大段文字，其共同的指向，都是倾吐对新时代的热爱。这些文字，与眼前的长江景象其实并无太大的关联，所抒之情既非触景而生，也未能和眼前之景有机交融。换而言之，作者只是为了抒情而抒情，为了说理而说理。从写作的角度看，这样的表达属于典型的贴标签。

站在今天的时代背景下，我们当然可以反对在文章中硬贴标签。然而，对于从旧时代一路走来的刘白羽而言，此种近乎标语口号式的表达，与其说是在抒写一种脱离了沉重现实的浪漫情怀，不如说是在以切身的经验，表达其感受到的新的时代在其初生阶段的种种新气象，抒发其坚信眼前的一切困难都会在掌舵人的正确领导下，迅速转化为一种独特的风景的政治信念。这样的坚信，或许存在着一定程度上的盲目性，但更多还是体现为对新政权、新时代的由衷期待。

在刘白羽创作《长江三日》的时代，这样的事理呈现与主题表达属于占据绝对主导地位的社会最强音。一方面，在经历了四年前的"反右"政治运动之后，文字的表达已整体性趋于谨小慎微；另一方面，建立刚满十年的新政府在内忧外患之中也更需要有这样的文字鸣锣开道，提振全体国民的士气。故而，那一段时间内，杨朔、秦牧、吴伯箫等散文家，贺敬之、艾青等诗人纷纷拿起笔来，创作了一大批主题类似的散文与诗歌。我想，这期间的创作动力，应该是"听将令"和自发讴歌相结合。

刘白羽们热爱这个新生的时代，热爱这个新生的政权，热爱这片土地以及土地上生活着的人民，便在极端的灾难面前，拿起自己的笔，开始描绘美好的未来图景，表现战胜灾难的勇气、力量和信心，我以为，他们这样做，并非阿谀与粉饰，而是真诚的热爱。因为热爱，他们便想当然地搭建起这样一副抒情的支架，让自己站在虚幻的半空中放歌。他们的心，其实是为了唤醒一种精神。

四

如果只把《长江三日》当作一篇游记而组织语文教学活动，课堂活动的核心线索就应该是行踪。《长江三日》在景物描绘中采用了动点写景的手法，精选长江中代表性的景色进行重点描绘。而在描绘特定景致时，又采用了描写、抒情、议论、说明相结合的方式。此种章法结构及表达技巧，值得高中生认真揣摩学习。

作为游记作品进行教学时，如果采用PPT辅助教学，需要警惕图片资料的运用。有些语文教师偏好于将长江三峡的图片引入课堂，试图给学生建立起更为直观的学习感受，这其实是语文教学的败笔。语文学习需以文字为载体，努力品读文字中隐藏的丰厚信息。一旦介入了图片，思维便受到了限制，语言的韵味也消失殆尽。

而当我们把《长江三日》当作一篇具有深厚的隐语意义的政治抒情散文时，文章主题意义的探究便进入了新的高度。教学中要注意学生的理解力，不要作生拉硬拽的解读。30岁甚至40岁的语文教师大多已不熟悉60年前的那段历史，十几岁的中学生就更不知晓。文本解读一旦脱离了特定的时代背景，便只会成为后知后觉，成为"站着说话不腰疼"的偏狭。

# 从没有无法抵达的港口

## ——海子《面朝大海，春暖花开》主题解读

从明天起，做一个幸福的人／喂马、劈柴，周游世界／从明天起，关心粮食和蔬菜／我有一所房子，面朝大海，春暖花开

从明天起，和每一个亲人通信／告诉他们我的幸福／那幸福的闪电告诉我的／我将告诉每一个人

……

当代文学作品中，被误读得最为离谱的一首诗歌，非《面朝大海，春暖花开》莫属。当无数人充满激情与诗意地嚷嚷着要追求一种"面朝大海，春暖花开"的别样人生时，往往对最基本的常识都未能关注：大海之上，就算是春风和暖，微风鼓浪，绽放出朵朵浪花，也不会是世人心目中的"春暖花开""莺歌燕舞"的和谐优美。真正意义上的春暖花开，只能出现在大海之外的山峦或大地之上。

所以，"面朝大海"与"春暖花开"其实是一种很难并存的景象，就如一个硬币的两面，虽同时存在于一个硬币之上，却不能两面同时朝向同一个方向。选择了面朝大海，便只能背对身后鲜花绽放的坚实大地。

事实上，"面朝大海，春暖花开"并非为了表现诗人对尘俗生活中的融融春光的向往，这样的"幸福"在诗人看来仅只是尘俗之人的价值诉求。诗人将自身置放于背对尘俗河山而面朝浩瀚海洋的独特位置，一方面衷心地祝愿红尘中的芸芸众生能够拥有物质，拥有自由，拥有亲情与爱情；另一方面则将自我封闭在看似辽阔实则空旷寂寥的大海之中，听任岁月的寒流从人生的每一个缝隙中钻入肌肤深处，如同刘亮程在《寒风吹彻》中描绘的那样，

"无论我蜷缩在屋子里，还是远在冬天的另一个地方，纷纷扬扬的雪，都会落在我正经历的一段岁月里"。

一

《面朝大海，春暖花开》创作于 1989 年 1 月 13 日，距诗人在同年三月卧轨自杀只有两个多月的时间。

30 年后的 2019 年元月，微信公众号中出现了一篇拥有 10 万 + 阅读量的文章——《我为什么怀念八十年代》。在这篇文章中，作者将 20 世纪 80 年代定位为最具理想主义光芒的时代。作为与海子同一年来到这个世界的人，我对这样的定位并不全部认可。因为所谓最具理想主义光芒的那段时间，仅只是 80 年代的前几个年头。80 年代的中后期，理想与浪漫已开始被越来越物质化的世界取缔。

海子于 1979 年考入北京大学法律系时，正好赶上了这"最具理想主义光芒的时代"的萌发与快速生长。刚刚走出十年动乱的中华大地上，物质生活依旧极端贫寒的人们突然卸下了精神上的沉重枷锁，将憋屈了十余年的热情与理想全部献给了全新的改革开放的社会。那是一段正能量爆棚的美好岁月，几乎每一个人都唱着"天也新，地也新，春光更明媚，城市乡村处处增光辉"的轻快旋律，为了在 20 世纪末全面实现"四个现代化"而近乎不计报酬地奉献着青春和力量。

更大的改变是人们的精神诉求。或许正是从 1979 年开始，小说与诗歌像进入了春天的野草，突然间就以令人目瞪口呆的速度铺满了神州大地。发展到 1982 年前后，几乎所有的高校中都出现了文学社或者诗社，无数个热爱诗歌或者被时代潮流裹挟着装模作样热爱诗歌的青年学子，不但在自己的学校中浅吟低唱，而且跨地区跨省地参加各种诗会。《诗刊》与《新星》成为文学青年朝圣的对象。

海子的诗歌创作正是始于这个时期。1982 年，海子开始创作并发表诗歌，并且快速走红，在北京的高校中被冠名为"北大三诗人"之一。当时的海子受朦胧诗人杨炼和江河的影响，以诗歌为刻刀，试图将刚刚结束的苦难岁月通过诗歌的方式镌刻成不朽的历史。1984年,20岁的查海生第一次以"海子"的笔名发表了诗作《亚洲铜》,将生命、土地和历史交织成中华大地上最壮美的"舞蹈"与"颂歌"。凭借这首诗歌,海子成为当时诗坛上最耀眼的明星之一。

《亚洲铜》发表时,海子已分配至北京中国政法大学哲学教研室工作了一年多的时间。1984年的中国,西方哲学与西方文艺思潮如钱塘大潮般汹涌而来。当诗歌的浪漫与哲学的严谨汇集到只有20岁的年轻大学教师身上时,这个从皖南大山中走来的青年,开始体味到象牙塔中不曾拥有的生活味道。

这个时期,小说与诗歌依旧在校园中流行,社会上却已经大张旗鼓地为万元户披红挂彩。小说由"伤痕文学"走过了"反思文学",走向了"寻根文学",诗歌由"朦胧诗"走向了"先锋诗"。

1986年前后,诗歌热开始退烧。面对着走向工作之后的恋爱、成家等一系列现实问题,每个月只能领到68元工资的本科毕业生们,不得不开始为200多元一辆的自行车、400多元一台的收录机、600多元一台的洗衣机、3000多元一台的18寸彩电而奋斗。只有海子这类的纯粹的诗人,依旧还在时代的风云变幻中吟唱着自己的歌谣。

但痛苦已难以避免,就像成长难以避免一样。海子的痛苦,来自极端敏感的诗人性格,也来自物质世界中的低能和情感世界中的挫败。几乎所有研究海子的资料都会介绍,海子的大学教师的生活过得极为清苦,宿舍中除了书籍便近乎一无所有。至于那些有始无终的恋爱,也成为海子情感生活以及诗歌创作中无法抹去的阴影。

80年代中后期的海子,在纯粹的理想主义和复杂的物质人生交汇而成的生命之河中开始了沉重的游泳,前一种力量将他往天空中托举,后一种力量将他向河床下压迫。这样的纠结,不但催生出情感复杂的《面朝大海,春暖花开》,而且诱惑着他用自杀终结了自己的诗歌与生命。

二

表面上看,《面朝大海,春暖花开》是一首从头至尾焕发出浓浓的俗世温情的诗歌。作品中的抒情主人公就像舍身饲虎的佛，尽管自身血肉模糊，却期盼着除了自身之外的所有人都拥有一个美好的未来。

诗歌实际呈现的是什么呢？让我们先把视线锁定在诗歌本身，逐句探究隐藏在文字背后的那份深情与矛盾。为了赏析得更为紧凑，暂且把"明天"这一核心意象留给下一节解读，本节侧重探究其他意象或信息。

"从明天起，做一个幸福的人 / 喂马、劈柴，周游世界"。这个句子中的"幸福"，具体表现为"喂马、劈柴，周游世界"。"马"是海子诗歌中经常出现的一个经典意象，马能够带给读者的原初体验是在辽阔草原上自由奔跑。故而，"喂马"不是马夫般的辛苦劳作，而是跨上骏马后的纵横驰骋。"柴"是相对冷僻的一个意象，柴米油盐酱醋茶，柴为开门七件事之首。"劈柴"指向物质化的生活，而且这种生活与"喂马"的最大差别，在于"喂马"背后隐藏着一种动态的、不断变化的行走方式，"劈柴"则始终是固定在房前屋后的弹丸之地的劳作。"喂马"与"劈柴"的组合，构建起远方与眼前、浪漫与现实的结合体。"周游世界"是对"喂马"的补叙，将"喂马"中隐藏的动态化生活诉求细化为具体的目标。该目标又反过来拓展了"喂马"中藏着的活动范围，将读者的视线与心胸一起引向无限辽阔的外部世界。很显然，这一句中的"幸福"，更多倾向于游历。可以是物质上的游历，也可以是精神上的游历。

"从明天起，关心粮食和蔬菜 / 我有一所房子，面朝大海，春暖花开"。该句的前部分，整体上和上一句构成动与静的结合。"粮食与蔬菜"指向的生活，与"劈柴"没有太大的差异。这是一种厮守田园的小国寡民式的生存方式，此种方式从古延续至今，其实与幸福并无关联。试想，当一个人需要终日关心自己的粮食与蔬菜是否会出现缺口时，不过是生存于温饱线的上下，如果这也是幸福，便只能是最低档次地满足了生存需要的幸福。

该句的后半句比较突兀。突然间出现的"面朝大海"的房子和"春暖花开"的景象，与"喂马、劈柴，周游世界""关心粮食和蔬菜"均无逻辑关联。但恰恰是无关联，才更有利于体现"面朝大海，春暖花开"的虚幻和反逻辑。当然，这一处的"面朝大海，春暖花开"也起到很好的点题作用。

"从明天起，和每一个亲人通信 / 告诉他们我的幸福 / 那幸福的闪电告诉我的／我将告诉每一个人"。这节诗歌将视角由物质世界引入精神世界。诗歌中客观存在的是三个实体：我，亲人，信。"我"为什么要"和每一个亲人通信"呢？诗人并未介绍，结合上一节中有关物质化"幸福"的描绘，或许我们可以将其理解为是"我"对"亲人"的各种关心的一种回答。就像当下社会中在外打拼的游子，春节回到故乡时，所有的亲人都难免要问一问是否有对象、是否有高收入一样。

"闪电"是本节中相对虚幻的一个意象。现实生活中闪电的特征，一是惊心动魄，二是不可捕捉，三是无法长期保存。以"闪电"修饰"幸福"，则该"幸福"便也具有了"闪电"虽耀眼夺目却难以捕捉且无法真正拥有的特性。这样的"幸福"看起来很真切，实际上很虚幻。

"给每一条河每一座山取一个温暖的名字／陌生人，我也为你祝福／愿你有一个灿烂的前程／愿你有情人终成眷属／愿你在尘世获得幸福／我只愿面朝大海，春暖花开"。第三节的视角转向"我"之外的"他在"。诗歌中的"每一条河每一座山"，本质上也是陌生者，与"陌生人"属于同类。差异在于"河"与"山"无须尘俗世界的灿烂前程和"眷属"，"河"与"山"不是索取者，而是奉献者。"给每一条河每一座山取一个温暖的名字"，并非河与山需要温暖，而是那骑着马儿周游世界的人，需要这每一条河、每一座山都拥有一个温暖的名字，用以慰藉灵魂的孤寂与渴望。

"我"给陌生人献上的祝福，拥有极为明晰的意义指向。"灿烂的前程"与"有情人终成眷属"的前后位次设计，彰显着世俗社会中凡夫俗子的价值认知。海子创作这首诗歌时，大多数人对精神生活的追求已逐步让位于物质生活的索取。故而，海子首先从人们最渴望拥有的远大前程开始祝福，然后才祝福爱情，最后笼统地祝福获得"尘世"的幸福。至于诗人自身，这"灿烂的前程"、美好的爱情以及尘世的各种幸福，都既非心中的理想，又非现实中的拥有，不如全部舍弃，只寻求"面朝大海，春暖花开"的海市蜃楼。

三

《面朝大海，春暖花开》中，最容易误读的一个意象是"明天"。

从明天起，做一个幸福的人……

从明天起，和每一个亲人通信……

海子将一切的美好，全都交付给了明天，从而使明天拥有了无穷尽的希望和幸福。这个"明天"，可以"喂马、劈柴，周游世界"，可以"关心粮食和蔬菜"，可以"有一所房子，面朝大海，春暖花开"，可以"和每一个亲人通信"，可以"给每一条河每一座山取一个温暖的名字"……

只是，海子为何不在今天便完成这些事情呢？是什么样的原因，让他在今天不能、不愿或者不敢这样去做？束缚住他的手脚和灵魂的，是物质世界的羁绊，还是精神世界的虚无？

一切的答案，或许都只需从诗歌本身寻找。毕竟，诗歌中展示的"明天"的所有美好，都建立在一连串的富有感情色彩的意象之上。诗歌中，"喂马""粮食和蔬菜""通信""取名"这类的生活画卷，固然包含了一定量的精神生活的元素，更多的却是指向实实在在的物质人生。这样的人生，是其他人希望海子能够经历并应该经历的。

如果海子愿意，他当然可以像这世界上的所有凡俗生命一样，沉浸到这样的生活中，并以此为幸福。但海子是诗人，是精神世界无限丰富、物质世界却相对清贫的诗人。这样的身份属性，让他看待世界的着眼点，总是迥异于尘俗世界。故而，他虽然有能力去做那"明天"可以做的一切事情，却绝不将其放在今天便立刻实施。因为他要将今天留给自己，留给自己的诗歌和灵魂。

这样思考时，也能够对诗歌中的其他意象有新的认识。比如，"喂马"等一系列行为，其实均是指向世俗的生活画卷。海子所说的"从明天起"就如何如何，完全是他内心中的一种纠葛。他用自己的诗歌跟自己对话，探究自身是否应该回归到凡俗的生活中。但这对话的结果，最终依旧是他无法改变自己，所以，诗歌结尾处，他依旧强调，"我只愿面朝大海，春暖花开"。

# 四

在语文版高中语文教科书中，海子的《面朝大海，春暖花开》和曾卓的《我遥望……》两首诗歌组合成必修一第二单元的第六课。该单元主题为"诗意地栖居"。

曾卓的《我遥望……》只有两节文字，却从另一个视角，阐释了又一种人生觉解——

> 当我年轻的时候
> 在生活的海洋中，
> 偶尔抬头遥望六十岁，
> 像遥望一个远在异国的港口
>
> 经历了狂风暴雨，惊涛骇浪
> 而今我到达了，
> 有时回头遥望我年轻的时候，
> 像遥望迷失在烟雾中的故乡

将《面朝大海，春暖花开》和《我遥望……》放在一起解读时，可以更好地理解海子的内心世界。《我遥望……》中，一切未知的生活，均是"远在异国的港口"。这样的港口，充满着各种各样的诱惑，也充满着各种各样的危险。如此，年轻的心，该以一种什么样的方式，穿越海洋上的"狂风暴雨，惊涛骇浪"，便成了不得不完成的一道练习题。海子面对这道题目时，选择的是放弃解答，在他看来，与其将希望寄托于陌生的港湾，不如守护住自己的灵魂，让它在岁月的浪潮中不被玷辱，始终安守一份"春暖花开"的温馨与宁静。

海子的选择是否正确，并没有太大的探究价值。因为任何一种生存状态，只要不以侵损他人利益为目标，就应该得到足够的尊敬和理解。海子早已远逝，不可能拥有"回头遥望我年轻的时候"的机会，自然也就无法获得"像遥望迷失在烟雾中的故乡"的独特感受。但尽管如此，我们还是可以这样认为，海子虽没有像他所说的那样"喂马、劈柴，周游世界"，却也用他的选择，为他的灵魂找寻到了一方寄托情怀的港口。从这点上而言，人生无论如何选择，最终都还是会有一方港口，等候着生命的到来。只是，每个人的港口各不相同。

密码四

# 表达：别有神韵的章法结构

# 由《离骚（节选）》看古典诗歌的抒情手法

长太息以掩涕兮，哀民生之多艰。余虽好修姱以鞿羁兮，謇朝谇而夕替。
既替余以蕙纕兮，又申之以揽茝。亦余心之所善兮，虽九死其犹未悔。
……
民生各有所乐兮，余独好修以为常。虽体解吾犹未变兮，岂余心之可惩。

作为中国文学史上第一首抒情长诗，《离骚》的抒情手法，两千多年来，一直是历代诗人学习的典范。其浪漫的想象，强烈的感情，自成一格的写作手法，思想和艺术上的魅力并重，令无数人为之倾倒。后世的诗人，即使如李白那样的天才，其抒情言志中运用的各种表现手法，都无法脱离《离骚》所开辟的艺术道路。可以说，掌握了《离骚》的抒情手法，也就大体上了解了古典诗歌的共性化抒情技巧。

受课堂教学时间的制约，现行高中语文教科书中选编的《离骚》都只是节选的片段。苏教版教材节选的是《离骚》开头部分的 24 个短句，人教版教材节选的是《离骚》中间部分的 52 个短句。现以人教版教材中的《离骚（节选）》为例，对其抒情手法作一简要分析，供语文教师们设计教学内容时参考。

## 一、借物抒情，以物之高贵喻生命之高洁

好的抒情诗，多善于将丰富的情感隐藏到具体的景象、物象、事件或人物形象中，借这些形象呈现出的某些特征，暗示诗歌中的抒情主人公的某些品质。只在情感无法遏抑时，才直接倾诉。阅读此类诗歌，必须对进入诗歌

中的景象、物象、事件或人物形象予以格外的关注，要善于发现这些内容中隐藏着的情感。

《离骚（节选）》的开端，是喷薄而出的生命呐喊。诗人以"长太息以掩涕兮，哀民生之多艰"的直抒胸臆，将个人情感与"民生之多艰"建立起最直接的关联，为后文确立起一个超越自我利益得失的情感语境，营造出先声夺人的情感震撼力。

此种突兀而至的情感喷发，在屈原的笔下没有任其像江河泛滥般奔腾宣泄，而是一发即收，迅速转入自身价值诉求的叙述与描写中。一句"余虽好修姱以鞿羁兮，謇朝谇而夕替"，将文字由"民生"拉回自我世界。

"既替余以蕙纕兮，又申之以揽茝"句，表面上看，与前文似乎缺乏足够的关联。实际上，这是抒情主人公情感表达由明转暗的必然。该句中的"蕙""茝"二物，字面意思分别是"蕙草做的佩带"和散发着芬芳的"白芷花"，真实含义是内心中的高尚的德行。此二物构成了诗人情感抒发的着力点。其高贵、芬芳的特性，正好被用来喻指抒情主人公的生命的高贵。

与此类似的间接抒情手法，在课文节选的诗句中还有很多：

"众女嫉余之蛾眉兮，谣诼谓余以善淫"句，以"众女"之"嫉"形象地呈现特定的社会环境，以美丽的"蛾眉"来隐喻美好的品质。"蛾眉"与"善淫"的巨大反差，又进一步凸显了坚守高贵德行的艰难。

"鸷鸟之不群兮，自前世而固然"句，以凶猛的"鸷"自比，以普通的"鸟"他比，通过"鸷"不屑于同"鸟"为群，间接表达不与宵小同流的高洁志向。这个句子让我想到一句话：所谓不合群，只不过是因为他不在你的群，并不是说他没有群。展翅高飞九万里的鲲鹏，任何时候也不会乐意同蜩与学鸠为伴。

"步余马于兰皋兮，驰椒丘且焉止息"句，以"兰皋""椒丘"重申灵魂的高洁和对美好环境的不懈追求。对于高尚的灵魂而言，唯有眼前这长满兰蕙的水滨和远方那高高的山脊，才值得停下脚步。此句表达出的情感，较之于后人所言的"君子不饮盗泉之水"，少了很多的尘俗烟火气息。

"制芰荷以为衣兮，集芙蓉以为裳"句，以"芰荷""芙蓉"的脱俗，进一步抒发对美好德行的坚守。值得关注的是，此处附着在"芰荷""芙蓉"

两个意象之中的情感，成为后世诗文中"荷"的代表性品质。这样的品质，至宋代周敦颐的《爱莲说》而固化为"出淤泥而不染"的圣洁。

"高余冠之岌岌兮，长余佩之陆离"两句，以衣着佩饰的与众不同来比拟诗人的美德。帽子本已很高，却还要加得更高；璀璨耀眼的佩带本已很长，却还要加得更长。诗人就是要用这样的不合群，申诉自身的特立独行。

上述诗句，共同采用了借物抒情的手法。此种手法，在后世的众多抒情诗中，也得到了极为广泛的运用。比如以梅花、菊花等物象为歌咏对象的咏物诗，就都具有此种特征。

## 二、放飞灵魂，以无尽的想象显情怀的博大

诗歌是想象的产物，没有想象，便没有诗歌。诗歌中的情感固然实实在在，表达情感的方式，却不必过于实在，而是要善于放飞灵魂，"思接千载，视通万里"。如此，创作出的诗歌，才能够具有可读性。李白的诗歌之所以被后人称赞不已，想象力功不可没。阅读鉴赏古典诗歌的抒情手法时，必须把握住诗歌中的想象。

《离骚（节选）》中，诗人在抒发自身的政治情怀时，不是汲汲于自身的利益得失，而是着眼于高尚的人格操守和忠贞不渝的使命感。这两样内容，都无法实写，只能以想象来间接表达。

如何运用想象呢？除借物抒情之外，《离骚（节选）》还采用了下述几种方法：

第一，以具体的行动喻指抽象的人生追求。比如"悔相道之不察兮，延伫乎吾将反。回朕车以复路兮，及行迷之未远"句，表面上是描写当初没有看清前程的后悔与迟疑，继而描绘掉转车头重新踏上原来的道路，实际上是阐明修正价值观念、坚守生命信条的行为主张。

第二，以想象中的个性化装扮，彰显洁身自爱、特立独行的美好品行。比如"佩缤纷其繁饰兮，芳菲菲其弥章"句，把自身想象为点缀着花团锦簇、五彩缤纷的配饰，喷吐出一阵阵令人心醉的幽香清芬的形象，以此标明决不放弃美德、决不与世俗同流合污的价值诉求。

第三，以敌对者的无耻反衬自身的伟岸高洁。比如"众女嫉余之蛾眉兮，谣诼谓余以善淫"句，字面意义是对因嫉妒我的姿容而造出百般谣言说"我"妖艳狐媚的侍女行为的揭露，实际上是为了反衬自身卓尔不群、屡遭诋毁的傲岸品德。

第四，以"物"的比兴展示"人"的特性。比如"何方圆之能周兮，夫孰异道而相安"句，撇开自身的人格追求不说，而是谈圆孔不能安上方柄，然后引出异路人无法携手同行的观点。

这些内容，如果离开了灵魂的飞翔，离开了丰富的联想想象，便无法进入诗歌，无法为读者营造出虚实相生的艺术境界，更无法表现出诗人的天空般博大的情怀。引导学生学习《离骚》，必须对此种表现手法予以足够的关注，既学会鉴赏想象背后的现实形象与丰富情感，又学习此种表现技巧，用以丰富和提升学生的写作能力。

## 三、直抒胸臆，以情绪的宣泄展心中的块垒

与后世格律诗中多借景抒情的手法不同，古体诗歌中的抒情之作，往往更善于直抒胸臆。屈原、陶潜、李白等人的抒情长诗，都具有此种特性。当然，格律诗中，也不乏相当数量的直接抒情的经典名句。鉴赏古典诗歌的抒情手法时，抓住直抒胸臆的诗句，探求诗人内心的真实情感与抱负，往往更有利于真实了解诗人的人生观。

《离骚（节选）》中，直接抒情的诗句，占了半数以上的篇幅。把握住这些诗句，就是把握住了诗歌的情感主线，也就能够更好地读懂作者，读出特定时代背景下的个体生命的呼号与呐喊。

比如，"长太息以掩涕兮，哀民生之多艰"句作为节选内容的总领句，开篇便确立起所选章节的特定的怨愤的情感基调，为后文的情感铺陈奠定了方向。

"亦余心之所善兮，虽九死其犹未悔"句，以"九死未悔"的夸张，直陈内心深处对"善"的无止无休的追求，展示出抒情主人公坚定的人生态度。此句从正面宣扬观点，斩钉截铁。

"夫孰异道而相安"句，以反问的形式入笔，表达肯定的人生观，呈现高洁的品行追求，此句从反向立论，铿锵有力。

"宁溘死以流亡兮，余不忍为此态也"句，前一个分句借助"宁"这一表示选择关系的词汇，表达出为了心中的真理正义而宁愿选择暴死而尸漂江河的最坏结果，也不向邪恶低头的决心；后一个分句则以"也"字收尾，将昂扬的情绪转换为冷静的陈述，宣示一种决不妥协的人生态度。此句高起低落，看似情感陡降，实则化刚为柔，更显理想信念的坚韧。

除此三个例句之外，选文中还有相当数量的诗句，也是在直抒胸臆之中彰显宁折不弯的价值诉求，从不同的角度，直接诉说着内心中的无尽情感。这些句子，且留作读者慢慢品析，不再举例赘述。

除上述三点外，鉴赏古典诗歌抒情手法时，还可以关注诗歌中运用的典故，关注具体词语的褒贬色彩等信息，这些，语文教师可以借助其他的诗歌教学引导学生领会。

# 由《阿房宫赋》看"赋"的铺陈夸张

《阿房宫赋》是杜牧 23 岁时创作出的一篇宏文。

杜牧的祖父杜佑是中唐时期著名的政治家、史学家，先后任德宗、顺宗、宪宗三朝宰相，一生好学，博古通今，著有《通典》二百卷。杜牧的父亲杜从郁官至驾部员外郎。

杜牧儿时生活于祖父的樊川别墅，在祖父和父亲的督促下研习经史，小小年纪便开始研修治乱之道和军事知识，衣食无忧，富裕而快乐。进入少年后，祖父和父亲相继病逝，家道迅速衰落，不过，家学渊源却在他身上得到了很好的继承。

公元 820 年，杜牧 17 岁。大唐王朝最后一位有作为的皇帝宪宗李纯暴毙于皇宫。有人说是为宦官毒杀，有人认为其死于方士的丹药，也有人认为其死于太子李恒和皇宫内侍的合谋。李纯在位 15 年，励精图治，重用贤良，改革弊政，勤勉政事，取得"元和削藩"等巨大成果，重振了唐王朝中央政府的威望。这段时间，被后世史学家称为"元和中兴"。

李恒继位后，先是铲除异己，封赏亲信，随后大兴土木、郊游狩猎，将其父殚精竭虑 15 载开创的中兴局面迅速葬送。公元 824 年，李恒应了那句"多行不义必自毙"的古话，在与亲信的游戏中受到惊吓而中风，后不治而亡。16 岁的太子李湛继位。

新皇继位之后，以比其父更为疯狂的玩家姿态游戏于朝堂，醉心于打马球和宴饮，更好大兴土木。即位之后，从春至冬，兴作相继，一日不停。

公元 825 年，或许是出于青春热血，或许是出于世宦子弟的责任使命，或许是出于对 17 岁的少年皇帝的忍无可忍，杜牧愤然创作了此篇《阿房宫赋》，期望借秦始皇失败的教训，给少年天子以警告。文章对小皇帝没起到丝毫的警醒作用，却为后世文学留下了晚唐时期最耀眼的文字。

该文面世一年多之后的公元 826 年十二月初八，小皇帝李湛带了一批人在夜色中捕捉狐狸取乐，回到宫中后，又与宦官刘克明、马球供奉苏佐明共 28 人聚饮。小皇帝酒酣耳热、入室更衣时，刘克明与苏佐明等闯入内室将其杀死，年仅 18 岁。这是后话，与杜牧和《阿房宫赋》无关。

一

上述史料，可作为《阿房宫赋》的创作背景而引入语文学习活动中。借助于这样的史料，可以更好地感悟一位空怀文韬武略，却生不逢时、毫无用武之地的年轻书生的内心郁愤。当然，如果不顾及这些背景资料而只研读课文中的具体词句，也可以从课文中读出杜牧的才华与责任意识。

《阿房宫赋》共四段。第一段写阿房宫雄伟壮观的形制；第二段写阿房宫里的美人和珍宝；第三段由描写转为议论，阐明作品的创作意旨；第四段总结六国和秦灭亡的历史教训，向当世统治者发出警告。四段文字中，虽然前两段内容占了绝大多数篇幅，写作重心却是后两段。

此种详略安排，取决于赋的文体特点。无论是何种形式的赋，其结构形式大体上都是先叙事描写、后抒情议论。

前部分的叙事描写，离不开铺排与夸张。铺排的目的，在于将笔墨集中到需要描绘与渲染的事物中，更好地展示作者的创作意旨；夸张的目的，在于运用适度的夸大或缩小，人为放大或缩小某些事件的意义与价值，借以引起读者的高度重视。学习"赋"这种文体的课文，首先必须抓住这两个点。

后部分的抒情议论，旨在呈现真实明确的写作目的。这个目的，多由作者直接在文中点出。赋在表达方式的运用上，虽以记叙、描写为主，但真正的创作意图，却在于借事说理。所以，"赋"中一定会出现少量的表达作者的见解与主张的说理句。把握这类说理句，是读懂一篇赋的主题意义的关键。

# 二

"赋"最初并非一种文章体式，而是《诗经》中与"比""兴"并列的一种表现手法。赋，即"铺陈"。当"赋"发展为一种特定文体后，其最显性的文体特征，便是大量使用铺排手法，把本可用一句话便说清楚的事儿，用若干个句子组合成排比的形式铺展开来说。比如，《木兰辞》中的"东市买骏马，西市买鞍鞯，南市买辔头，北市买长鞭"，其实不过是"四处买东西"。之所以要铺展开来描绘，目的在于写出木兰决定替父从军后所作的充分准备，活画出忙碌的景象。

《阿房宫赋》中，作者在前三个段落中都大量使用了铺排的手法。

第一段在描写阿房宫的规模制式时，为了突出规模的宏大，就分别用"骊山北构而西折，直走咸阳。二川溶溶，流入宫墙"细写其规模；"五步一楼，十步一阁；廊腰缦回，檐牙高啄；各抱地势，钩心斗角。盘盘焉，囷囷焉，蜂房水涡，矗不知其几千万落"突出其房屋的众多；"长桥卧波，未云何龙？复道行空，不霁何虹？高低冥迷，不知西东。歌台暖响，春光融融；舞殿冷袖，风雨凄凄。一日之内，一宫之间，而气候不齐"强调其景致的豪华、奇丽、壮观。这三部分的内容，其实都包含在"覆压三百余里，隔离天日"的总体介绍之中。

第二段中对宫女数量之多的渲染，更是将铺陈手法运用到了极致：

明星荧荧，开妆镜也；绿云扰扰，梳晓鬟也；渭流涨腻，弃脂水也；烟斜雾横，焚椒兰也。

四个比喻，从四个不同角度入笔，最终指向却是一个相同的点：人多。有了这样的铺陈排比，原本抽象的内容变得具体可感知，更有利于揭示秦王朝极尽奢华的景况。

第三段在刻画秦王朝纷奢生活时，同样采用了铺排手法：

使负栋之柱，多于南亩之农夫；架梁之椽，多于机上之工女；钉头磷磷，多于在庾之粟粒；瓦缝参差，多于周身之帛缕；直栏横槛，多于九土之城郭；管弦呕哑，多于市人之言语。

作者之所以要花费如此多的文字，分别对柱、椽、钉头、瓦缝等物作如此细致的描述，不过是为了将"纷奢"具体化。唯有抓住了这些具体的描述，并读出具体内容背后隐藏着的深刻意义，才能读懂作者真正想要告诉读者的那些咏史感悟。

需要注意的是，写入作品中的铺排内容，有些时候，真实的价值指向，并不在铺排文字本身，而在于紧随其后的议论。比如《阿房宫赋》第二段中有关宫女梳洗打扮的铺排，表面上看，写作目的似乎是为了突出人数之多，实际上，却是为了后面的"缦立远视，而望幸焉。有不见者，三十六年"服务。唯有将这些来自六国的大量的宫女，同"忘却了故国、渴望得到秦王宠幸"的事实结合起来，素材的讽刺色彩才更强烈。与之相类似的是，《赤壁赋》中用若干文字铺陈曹操的功业，也并非为了赞美曹操，而是借曹操说事儿，引出"哀吾生之须臾，羡长江之无穷"的生命感触。

三

铺陈离不开夸张。咏史、怀古的赋文中，作者为了强化自身的创作意图，往往对历史事件进行适度夸大或缩小，或借以凸显英雄人物的不朽功业，或警醒世人汲取历史的经验教训。这样的夸张，对于表现主题意义、凸显细节魅力，具有举足轻重的作用。阅读中，抓住这些夸张句，有利于认知作者的情感与思想。《阿房宫赋》就具有这样的特征。

《阿房宫赋》的夸张句众多。除主体部分三个段落穿插在铺陈内容中的夸张之外，文章开篇处的"六王毕，四海一，蜀山兀，阿房出"也同样是夸张。起句为何不说"秦山兀"，却强调"蜀山兀"呢？因为修建阿房宫所用的木材，当然首先应该来自咸阳以及邻近的郡县。只是，这些郡县的树木，实在满足不了阿房宫的需求量，以至于不但本地的木材全部伐完，而且还伐完了邻近郡县的木材，甚至将数百里、数千里之外的蜀山上的木材全部伐完。如此，阿房宫的规模大到什么样的程度，也就不言而喻了。可见，杜牧是在借夸张手法批评秦王朝的骄奢淫逸。

结尾处的"戍卒叫，函谷举"，也是一种夸张。杜牧看中的，是"戍卒"的身份。两个毫无作战经验的戍卒，带领同为戍卒身份的九百名疲乏不堪的农民，斩木为兵，揭竿为旗，竟然彻底撼动了拥有数十万大军的王朝根基，这背后该隐藏着多少意义与价值，当然值得所有人深思。

这一处夸张，杜牧有意省略了艰苦卓绝的征战过程，且故意将"函谷举"的结果，安置到了"戍卒叫"的原因上，此种归因法，不合逻辑，却符合写作需要。杜牧创作《阿房宫赋》，只用了"六王毕，四海一"这简简单单的六个字，便高度概括了秦王朝统一天下时几十年的血战史；又用了"戍卒叫，函谷举"六个字，突出其灭亡的过程。这样的惜墨如金，显然是为了把笔墨集中到主体部分的"秦爱纷奢"的描绘中。

## 四

无论是出于什么样的写作目的而创作一篇赋，其表达方式运用上，都离不开精当的议论。赋文中的议论，类似于一般记叙文中的点睛句，具有统辖全文的重要价值。要读懂一篇赋文，就必须读懂这个点睛句。

《阿房宫赋》的点睛句，是"使六国各爱其人，则足以拒秦；使秦复爱六国之人，则递三世可至万世而为君，谁得而族灭也"。这个句子，是对前面所有的铺排与夸张的归总，是由"秦爱纷奢"的事实而推导出的必然结论。抓住了这个句子，前面三个段落的选材、组材也就有了灵魂。结尾处的"秦人不暇自哀，而后人哀之；后人哀之而不鉴之，亦使后人而复哀后人也"，也才有了事实与理论支撑。

如果以贾谊的《过秦论》作参照，品读《阿房宫赋》中的议论，不难发现其中的继承关系。《过秦论》虽是汉初著名的政论，其行文结构其实同样有太多的铺陈夸张，少有立足严谨逻辑推演的事理分析。或许，汉以后所有点评历史兴衰得失的文字，都难以脱离贾谊的影响吧。

# 其实我懂你的心
## ——《踏莎行·候馆梅残》抒情方式解析

候馆梅残，溪桥柳细。草薰风暖摇征辔。离愁渐远渐无穷，迢迢不断如春水。

寸寸柔肠，盈盈粉泪。楼高莫近危阑倚。平芜尽处是春山，行人更在春山外。

古典诗歌中，离别是一个永恒的主题。从《诗经》的"昔我往矣，杨柳依依"开始，人们便学会了将浓郁的离愁别绪隐藏到鲜活生动的意象背后，借大自然的青山绿水，抒心灵的忧伤、失落之情。此种抒情手法，在将"借景抒情"固化为最经典的表达技巧的同时，也极大限度地丰富了所需表达的情感的内涵，使原本单薄的意义变得丰厚且有韧劲，能够满足不同读者的不同审美需要。

欧阳修的《踏莎行·候馆梅残》，显然深得离别诗歌的抒情真味。整首诗歌，无论是上片的写景状物，还是下片的形象描绘，全都尽量隐藏起难以言表的款款深情，只以无限丰富的意境，营造出一片无边无际、无止无休的思念的时空。置身在这样的时空中，任何语言，反而都成了一种多余。

一

这首词作的内容与情感，或许与欧阳修本人毫无关系。后世诗评家中，有人就将其定性为"游戏之作"。春山外的行人与楼上倚栏之人，可以是张三与他的妻子，也可以是李四和他的情人。牵强一点儿理解，亦未尝不可以是一对因生活所迫而不得不分离的父女或者兄妹。

以离别为主题的绝大多数词作，在写法上偏好于上片写景叙事，下片抒情议论，借景色之凄迷冷寂，抒写心中的不忍与不舍。比如当时的文坛领袖晏殊的这首《踏莎行》：

> 碧海无波，瑶台有路。思量便合双飞去。当时轻别意中人，山长水远知何处。
>
> 绮席凝尘，香闺掩雾。红笺小字凭谁附。高楼目尽欲黄昏，梧桐叶上萧萧雨。

此种结构形式，往往上片中拥有鲜活的画面与意境，下片则相对直白，缺乏韵味。晏殊的这首词结尾处以景结情，已经算得上是佳作。只是下片的前三个句子过于平常。

本首词作则采用了"花开两朵，各表一枝"的写作技法。上片采用"动点写景"的方式，以游子的行踪为线，串联起几个经典场景；下片采用"定点换景"的手法，以抒情女主人公所置身的高楼为观察点，先作特写介绍，再作长镜头呈现。上下片结合在一起，类似于西方电影艺术中的"蒙太奇"式的画面拼接。此种上片写游子下片写思妇的章法结构，在同类题材中是一个创新。

词作的上片，似乎有一台摄像机在跟踪拍摄：

镜头一，古道边的驿站，早梅已谢，细碎的花蕊洒落到临溪的小桥以及桥下的溪水之中。溪水两岸，杨柳开始绽放新芽。柔嫩的枝条在微风中轻轻荡漾。

镜头二，驿站内，男主人公正在收拾行李。书童或者是店小二牵着马站在庭院中，马喷着响鼻，摇着长尾，等候着上路。

镜头三，春日江南的郊野，东风轻抚，蝴蝶轻飞，男主人公骑在马背上，听任马儿慢慢向前。

镜头四，夕阳西下，落日余晖中，男主人公和他的马儿朝向远方的苍茫暮色中一步步而去。

镜头五，大地苍茫，远山只剩余了模糊的印痕，唯有一条溪流，依旧泛着亮光，从眼前延伸到遥远处。

词的下片，将视角转换到千里之外的家乡。只有两个镜头：

镜头一是大特写，"独倚危阑"的女主人公泪眼迷蒙，凝视着夕阳下的远方。这个孤独的女人，心中牵挂着异地他乡的那个人儿，便在这美好的春日，独自登上家中的最高处，眺望着那个人儿离家时的路，渴望着看到他归家的身影。

镜头二是一个组合镜头，随着女主人公的眼睛转动，将画面由眼前的大特写推向无尽远的地方。

这组镜头中，危楼远眺的女主人公的眼睛，是大特写镜头；游子离乡的路，是近景镜头；广阔的原野，是中景镜头；春山是远景镜头；春山之外的辽阔世界，是全景式广角镜头。正是在镜头的不断转换中，人物形象越来越模糊，并最终彻底消逝，只留下无穷无尽的情思，飘散在一切思念可以抵达的时空之中。

## 二

关于这首词作的结构与抒情方式，学界还有另外三种解读。

比较无趣的一种解读，是把"候馆"视作男女主人公的分离之所，认为男主人公由"候馆"出发时，女主人公置身"候馆"的高台之上，远眺男子一点点远去。

这样解读时，诗歌的主角便只属于女主人公。男子仅成为激荡起女主人公心中涟漪的情感诱因。更重要的是，诗歌中的情感也被局限在女主人公的内心世界，丧失了思念的对等与互动。如此，词作便沦为一般意义上的闺怨。

另一种解读，是以上片中的男主人公活动为实写，再将下片中的景象，视作男主人公的内心活动。认为词作是由男主人公自身的离愁，推想到了家里的她的"寸寸柔肠""盈盈粉泪"的离愁，又由离愁而想到了她临高倚栏远眺，想到了她登高远望而又不见的愁更愁。

此种解读，先实后虚，情感虽符合常理，但依旧属于单边行为，只不过是将闺怨转换成了游子思亲。

比较灵动的一种解读，是对"花开两朵"作进一步的解构。该解读者认为：

上片中的游子行踪，果真是实写吗？看似真实的景致，实则属于高楼之上倚栏而凝望的女子的想象之景。

下片中的"独倚危阑"的女子的泪与思，果真是实写吗？看似真实的景象，实则属于天涯漂泊的游子的想象之景。

这样品读时，词作的结构与情感便又多了无尽的味道，虚中有了实，实中藏了虚，虚了景象，实了情感。或者是实了景象，虚了情感。

如果用现代电影镜头来表达此种理解，便是将看似写实的男主人公春日独行的镜头，最终收拢到女主人公的瞳孔中；再将女主人公倚楼远眺的景象，收拢到男主人公的大脑中。

## 三

词作中，还有一些无法用镜头来表达的情感，只能借助具体的词句表达。

"候馆梅残，溪桥柳细。"以"候馆"开篇，着一词而游子身份立见。"梅残"，将美好与毁灭并存，又点明了季候特征。"溪桥"，前者日日流淌，动态景象；后者终年矗立，静态守望。溪因桥而沟通两岸，桥因溪而拥有价值。"柳细"，再点物候，进一步凸显时令，又以细细柳条，抒写无法拴住游子双脚的隐痛。另外，"残"与"细"，一言昔日的美好已逝，一言新的美好尚未成型，在自然景观的不完美中喻指了人生的不完美。

"草薰风暖摇征辔。"暖风轻抚，送来新生之草的淡淡清香。游子似乎并无一个特别清晰的出行理由，于是便在这骀荡春风之中骑着马儿顾盼徐行。句中虽无直接抒情，却在对美好春光的描绘中，隐藏了对抒情男主人公的些微不满。

"离愁渐远渐无穷，迢迢不断如春水。"以春水喻离愁。春水不但和离愁一样，具有"渐远渐无穷"的空间特征，而且还具有不断增长壮大的时间特征。这一比喻，很容易让读者联想到李煜的"问君能有几多愁，恰似一江春水向东流"。只是，这离愁属于抒情男主人公，还是属于抒情女主人公？结合前面的"草薰风暖摇征辔"，似乎更多指向女主人公。

"寸寸柔肠，盈盈粉泪。"既然心中已经生长出无尽的离愁，肝肠寸断也就属于必然，泪流满面就更是常情。此处的"寸寸"，以短写长，以每一寸之短，汇集成整体之长。"盈盈"则直言泪水之多。"柔"，融万千悲凉为柔弱之身，又将丰厚之情转换为无尽温柔。"粉"则状写女主人公的青春美丽，若粉妆玉砌。

"楼高莫近危阑倚。"谁会为女主人公的"危阑倚"而紧张呢？是游子，也或者是旁观者，当然最好是游子。游子似乎看到了远方的妻子倚楼而望的身影，心中便涌起了一种深深的关切。只是，这样的关切，远方的她，是否已经感受得到？

"平芜尽处是春山，行人更在春山外。"这一句，被后世文人推崇备至。这两句不但写出了楼头思妇凝目远望、神驰天外的情景，而且透出了她的一往情深，正越过春山的阻隔，一直伴随着渐行渐远的征人飞向天涯。

## 四

品读该词时，还有一个意象值得特别推敲。这个意象是"春天"。

词作为何要将分离和相思放在春天的背景之下，而不是放在其他的季节？

要解开这个谜并不难，因为从古到今的诗歌中，春天都在用类似的意义承载着诗人的情思。

春天是万物生长之始，本该带来无尽的希望，结果却不得不面对分离的失望。如此，情感上的反差便显现出来。

春天还被用来比喻人生中美好的时光，亦可以比喻女子美丽的容颜。春日里的分离，总有将美好虚掷的遗憾。

春天的水与草，还都具有不断向上生长的力量，用以比喻离别之愁，可将抽象的愁绪转换为具体的、不断生长增加的、永远处于动态的情感。

从语文的角度品读这首词作时，除了需要理清上述词句中蕴含的情感与意义，还需要对作品的艺术特色进行分析提炼。

这首词作中的抒情，主要采用了如下艺术手法：

第一，以景衬情。词作选用了残梅、细柳、平芜作为意象，以景之不完美和迷茫衬托抒情主人公内心的凄凉与迷蒙。其中，"平芜"在视觉上构成辽阔、苍茫、荒芜、寂寥的景色特征，以之为背景，既可以反衬出一人一骑置身其间的渺小，又能够渲染出抒情主人公内心情感的空寂、孤独与迷惘。

第二，以乐写愁。以江南初春草熏风暖的美好景象反衬因离别而生成的无尽烦恼。"草熏风暖"还巧妙化用江淹《别赋》中的"闺中风暖，陌上草薰"，将江淹的两个"分镜头"——闺房里风晴日暖，野外道路上绿草芬芳——糅合为一体，暗示了词作中情感表达的双向性。

第三，虚实相生。不但景物与情感之间构成虚实相生的关系，而且两个人物之间也是虚实互见、相辅相成。

第四，巧妙设喻。将离愁比喻为迢迢不断的春水，化无形为有形。

这些手法，是解读这首词作不可忽视的重要抓手。

# 史家笔法，智者情怀

## ——《为了忘却的记念》写法解析

    有些读者在品读鲁迅先生《为了忘却的记念》一文时，无法理解先生的叙事风格，更无法理解先生的情感。一贯擅长于写作"像投枪，像匕首"的战斗檄文的先生，面对"左联"五烈士的流血牺牲，为什么不像《记念刘和珍君》那样猛揭反动派的画皮，宣扬永不妥协的战斗精神，反而花费大量的笔墨，絮絮叨叨地讲述一些看似缺乏深意的鸡毛蒜皮之事？为此，有读者轻易下结论，认为《为了忘却的记念》在思想性、艺术性两方面，都远远逊色于《记念刘和珍君》。

    这样的评价，当然不够妥当。事实上，《为了忘却的记念》呈现给读者的，是一种历尽沧桑后的深沉与厚重。其创作技法，则更体现出极其浓郁的史传文风格。全篇文章，作者有意弱化了"惨淡的人生"和"淋漓的鲜血"，只去叙述一件件寻常的生活事件，并用这样的事，或简笔勾勒，或立体呈现人物的性格。然而，正是这样的叙述，让我们看到了牺牲者的美好人性，感受到了他们的平凡、普通、稚嫩、单纯、善良，甚至"迂"。这些心怀良善、"相信人们是好的"，对骗人、卖友、吮血等丑陋现实持怀疑态度的青年，不过是从最善良的心愿和信仰出发，追求一种应该有的理想社会生活，却倒在了执政者的枪口下。这样的事实，本身就是对黑暗社会的最有力控诉。

    在强权化的时代，事实总是极容易被遮蔽的。《记念刘和珍君》中，始终微笑着的刘和珍们，为了伸张正义而无端喋血，却被栽上了暴徒的恶名。这样的栽赃诬陷，一旦进入不知情又缺乏理性的读者眼中，真相往往便被扭曲，牺牲也就蒙上了灰尘。故而，呈现真相，永远是史家最该为之事。《史记》中一百多篇人物传记，绝大多数都是只记载事实，不作或者少作评述。

我们认知那些或光耀千古或遗臭万年的形象，也只是察其事而识其人。

一

《为了忘却的记念》中记述的事，大体可归结为四种类型：

第一，交往过程的追忆。这一主题的内容，占据了文中故事的大半篇幅。与白莽的三次交往中，第一次见面写得极简约，只对其年龄、身份等作粗线条介绍；第二次见面，更是一带而过；只有第三次见面，才铺展开进行描绘。这一段文字，交代了白莽革命者的身份，更突出了他的生存状态的艰难。这三处文字，汇合到一起，也只不过为我们塑造出一个真诚、乐观、有理想的青年形象。

与柔石的交往，写得十分详细。大大小小的若干件事，汇集成了柔石"无论从旧道德，从新道德，只要是损己利人的，他就挑选上，自己背起来"的美好品德。这样一个青年，倘若生活在一个理性社会中，无疑应成为精神楷模。但他竟然会被枪杀，所在社会的反人性特征，自然也就彻底暴露出来。

冯铿等三人，或只一面之缘，或是素未谋面，无交集便不作介绍，仅一笔带过。

第二，五青年监狱生活的介绍。这一主题的内容，主要通过柔石的两封信来呈现。第一封信，以柔石的"开政治犯从未上镣之纪录。此案累及太大，我一时恐难出狱"的善良，进一步反衬执政者的凶残；第二封信，以"措辞非常惨苦，且说冯女士的面目都浮肿了"，间接揭露反动者对柔石们的精神与肉体的双重虐待。读这些文字时，必须仔细咀嚼文字背后隐藏着的真相与情感。

第三，鲁迅自身生活状况的交代。这一主题的文字不多，却也对丰富文章的主题意义起着重要的作用。鲁迅先生的被迫逃亡，从另一个角度，展示社会的黑暗。反动者容不下作为革命者的柔石们，也容不下身为自由知识分子的鲁迅们。

第四，鲁迅的悲伤与思念。这样的文字，集中在文中的结尾处。从行文结构看，有点类似于《史记》中的"赞"。"要写下去，在中国的现在，还是没有写处的。年轻时读向子期《思旧赋》，很怪他为什么只有寥寥的几行，刚开头却又煞了尾。然而，现在我懂得了。"这一段文字，其实已经交代了本文选材组材的思想根基。因为"没有写处"，所以便不能大声呐喊、直抒胸臆，只能直陈事实，再傅之以一定量的曲笔，来含蓄表达内心中的深刻情感。而《思旧赋》的引入，更是将文字中的各种暗示，直接告诉了读者。《思旧赋》中的深厚情感，当然不是那有限的文字可以完全承载的。同样的道理，《为了忘却的记念》中的情感与思想，也绝不是这表面上的琐事可以完全承载。

这四类事，组成了《为了忘却的记念》的基本内容，也为五烈士树立起精神的丰碑。鲁迅虽未在文章中振臂高呼，但用铁一样的事实，为后人确立了精神的旗帜和行为的标杆，后人当然也就可以透过这些事实，读出那个时代的黑暗，读出那些灵魂的抗争。

## 二

"左联"五烈士中，鲁迅与柔石交往最多，拥有的纪念性写作素材最多。

倘若刻意要把柔石们往拥有崇高献身精神的英雄处塑造，鲁迅应该能够从和柔石的交往中挖掘出一些不同于常人的事迹与品质。我相信，能够写出《为奴隶的母亲》《二月》这类作品的柔石，一定会和鲁迅一样，在看似柔弱的外表下藏着一颗金刚怒目的正义之心。至于鲁迅，更是有能力发现这类素材，并将其精准地表达出来。

然而，《为了忘却的记念》中，鲁迅"记念"的都是些什么样的事呢？

鲁迅在叙述与柔石的交往之前，先用一句话确立了和柔石的私人关系："那时我在上海，也有一个惟一的不但敢于随便谈笑，而且还敢于托他办点私事的人，那就是送书去给白莽的柔石。"这句话的潜台词，相信读者都能理解。能够"随便谈笑"并"托他办点私事"的人，用今天的话来说，一定是"圈子里的人"，是"自己人"。

鲁迅凭什么如此信任柔石？难道就因为"他那台州式的硬气"或者是

"颇有点迂"的性格？更重要的是，柔石的"台州式的硬气"又体现在何处？很显然，这些本该详细交代的信息，都被鲁迅有意遮蔽了。

留存到作品中的，都是什么样的信息？

一是设立朝花社，"目的是在绍介东欧和北欧的文学"，"扶植一点刚健质朴的文艺"。在这件事中，柔石"借了二百多块钱来做印本"，而且"大部分的稿子和杂务都是归他做"。这件事其实并无多少"记念"价值，鲁迅真实表达的，是这段交往过程中认知的柔石"相信人们是好的"的善良品性。

二是柔石"终于也敢和女性的同乡或朋友一同去走路了"这一花边新闻式的消息。鲁迅写这样的事儿，或许潜意识中有着某些调侃的成分。想来应该是文章写到此处时，柔石曾经的这些故事触动了先生内心中的柔软，让他心中生出了一丝温暖。当然，这样的事与用文字立传无关，所以先生很快由这件事而引出柔石"和我一同走路的时候，可就走得近了，简直是扶住我，因为怕我被汽车或电车撞死"。这件令"我"感到"吃力"的事，被鲁迅用来表现柔石的"无论从旧道德，从新道德，只要是损己利人的，他就挑选上，自己背起来"的品德。

三是柔石决定"转换作品的内容和形式"。这件事放在柔石搀扶鲁迅走路的故事之后，行文略显跳跃。此事其实更能够证明柔石的"台州人的硬气"。

四是柔石的被捕以及狱中来信。叙述该内容时，鲁迅有意避开对被捕原因的介绍，却又故意详细交代被捕时柔石正在忙活的几件琐事。这样安排的目的，显然是告诉读者，柔石并非因为参加了某些过激行动而被抓捕。他只不过像所有的为了理想而勤奋工作的青年一样，终日忙活于自己的事业。如果这样的追求与行动也是犯罪，那么，罪就不在人，而在于社会制度。

这四方面的内容，能够支撑起的，只是一个有理想、有行动、善良的青年形象。这样的人，却无端遭受屠戮，其生存的时代该多么黑暗，不言而喻。

## 三

"为了忘却"该如何理解？鲁迅先生又是如何表现这"为了忘却"的写

作缘由的呢?

文章结尾处,鲁迅先生写了这样一段话:

夜正长,路也正长,我不如忘却,不说的好罢。但我知道,即使不是我,将来总会有记起他们,再说他们的时候的。

句中的"夜正长",构成了《为了忘却的记念》的时代背景。在这样的茫茫长夜之中,鲁迅先生渴望着"将悲哀摆脱,给自己轻松一下",使自身能够走出"悲愤总时时袭击我的心"的痛楚,振奋精神,朝向应有的理想目标继续奋力前行。所以,鲁迅紧随其后发出"路也正长"的慨叹。"路也正长"不是望路兴叹,而是自觉承担起行走的责任。因为这份责任,所以必须暂时忘却、不说。

"将来总会有记起他们,再说他们"是鲁迅先生写作本文的根本目的。然而,历史不会自动复制粘贴,要想让未来社会中的人们能够记住柔石们的奋斗和牺牲,能够客观公正地评价他们的抛头颅洒热血,就必须有人在"今天"用文字记录下他们的印痕。因此,写作该文就有了三重目的:于柔石们而言,是用文字记录下他们的业绩,留作生命的证据;于鲁迅而言,是为了暂时放下悲愤,轻装上阵,为这黑暗的时代培养更多的掘墓人;于后世而言,是阐明柔石们牺牲的价值,期望未来社会的人们铭记这份牺牲。

在《为了忘却的记念》中,有一个细节值得反复品味:他像是不喜欢"国民诗人"这个字的,都改成"民众诗人"了。这是回忆与白莽的交往过程时看似随意而记述的一件小事。由后文的"告诉他不应该由自己的爱憎,将原文改变"可推知,鲁迅应该在出版《彼得斐传》时又将"民众诗人"改回为"国民诗人",但这样的改动,仅只是学术上的严谨,并非价值观上的差异。"民众诗人"与"国民诗人"相比,差异在于"国"的有无。年轻的白莽显然对民国政府充满了失望,以至于翻译外国文学作品时都厌恶于"国"这一汉字。这样的目中无"国",恰恰是对这个国度的最深沉的热爱。

《为了忘却的记念》中,辑录了一首鲁迅的原创诗歌。这首诗歌的存在价值,同样是服务于"为了忘却"。

惯于长夜过春时，挈妇将雏鬓有丝。

梦里依稀慈母泪，城头变幻大王旗。

忍看朋辈成新鬼，怒向刀丛觅小诗。

吟罢低眉无写处，月光如水照缁衣。

这首七律的前四句写时事变化，后四句写因五烈士的牺牲而滋生的复杂情感。其中，"忍看"的实际意义是不能忍，无法忍。"觅小诗"是以文字作为祭奠之物，亦作为战斗之武器。尾联的"无写处"意蕴丰厚，既可以理解为现实过于黑暗，仅只能以这有限的文字抒发情感，再无其他可以采用之良法；又可以理解为暂且放下心中的悲愤，疗治心灵的创伤，以期未来在"有写处"再奋笔疾书。"月光如水照缁衣"句，将万千情感移入凄清的景色中，寓无尽的哀思和纪念于永恒的明月。如此，但凡月明之夜，记忆便会潮水般涌起。为了忘却，却又永远铭记。

四

《为了忘却的记念》在"为了忘却"和"记念"之外，还写了不少"闲笔"。这些"闲笔"在文中同样存在着独特的"记念"价值。

文中的第一处"闲笔"，出现在与白莽第三次交往的回忆中。此处，鲁迅用了200余字介绍了两本书的来历。这段文字，除了写出和白莽的相同爱好、引出下文对柔石的回忆，还将30年前的自身与当下的热血青年建立起跨时空的意义关联，呈现出两代人之间的价值传承。这样的传承，到了白莽这儿，会因为被抓捕被杀戮便戛然而止了吗？鲁迅当然不愿意出现此种情况，有形的书和有形的肉体可以毁灭，蕴藏其中的精神却应该万古流传。

文中的第二处"闲笔"，出现在对柔石被捕后相关事件的追忆时。因为柔石被捕时"衣袋里还藏着我那印书的合同，听说官厅因此正在找寻我"，"我于是就逃走"。依照行文的常理，这样的事，仅交代结果即可。然而鲁迅偏偏宕开一笔，写了《说岳全传》里的高僧，既而又言及"奴隶所幻想的脱离苦海的惟一的好方法"。这些文字，表面上偏离了写作主旨，实际上是在阐释一种与五烈士的牺牲稍显差异的生命主张。鲁迅将自身的存在价值定位于用文字唤醒黑夜中沉睡的人们，便"没有涅盘的自由"，而他对于早些年的刘和珍们的徒手请愿、对于眼前的柔石们的革命，也或许持有另一种看法。

第三处"闲笔"，出现在对白莽真实姓名的介绍时。此处插入了白莽题写在 Wahlspruch（格言）旁边的四句译文：

> 生命诚宝贵，
> 爱情价更高；
> 若为自由故，
> 二者皆可抛！

这首诗歌，今天的读者耳熟能详。在八九十年前的中国，这样的人生宣言显然代表了一种决不妥协的战斗精神。鲁迅将其引入文章中，显然是要借这首诗歌来揭示白莽们的价值观。这些年轻的灵魂之所以勇于牺牲，并非不珍惜生命，而是为了自由，为了大多数人的美好未来。

三处"闲笔"，在核心话题之外流淌出丰厚庞杂的情感，就如一棵树旁逸出的三根枝条、一条河旁逸出的三条分支。有了这样的文字，杂文之"杂"才得到了呈现，文章的主题也得以丰富。

# 巧用对立，彰显意义

## ——简评《拿来主义》中的三组对立概念

鲁迅先生在杂文《拿来主义》中，通过巧妙的比喻论证和嬉笑怒骂、妙趣横生的语言形式，既批判了无原则的全盘西化的错误主张，又批驳了盲目排斥与拒绝接受外来文化的荒谬倾向。其思想的高蹈、言辞的犀利、章法的严谨、比喻的巧妙，即使在今天，依旧具有无与伦比的思想价值和艺术魅力。

然而，由于时代的差异，由于对相关写作背景知识的不了解，加上对文本相关概念认知上的不清晰，学习本文时，大多数的中学生很难真正走进鲁迅先生在作品中创设的情境氛围中，因而也就很难真正了解文章的创作意图，更无法将作品中的思想转换为自身成长的必要养分。

如何才能消除阅读中的障碍，使我们的阅读更好地抵达作者创设的思想深度呢？我觉得，要想更好地读懂本文，就必须先理解文章中几组对立的概念。只有在概念的对立与冲突中发现并体察文字背后的深刻意蕴，才能很好地体察鲁迅先生的思想，品味文本的价值。

## 一、"闭关主义""送去主义"与"拿来主义"

所谓"闭关主义"，简而言之，就是盲目自大，闭关锁国。我国历代皇朝统治者，无不以"天子"自居。在他们眼中，"普天之下，莫非王土；率土之滨，莫非王臣"。于是，外来的一切，都必须臣服于中华文化，必须接受中华文化的同化，否则就是异端邪说，就必须拒之于国门之外。这种"我不出去，你也别进来"的自给自足式的农耕文明生活模式，直接造成了明清时期科技的严重落伍。

当鸦片战争的烽火硝烟让大国君臣从睡梦中惊醒过来，"闭关主义"者再也无力为自己营造一个歌舞升平的安乐窝了。于是，为了求得覆巢下的完卵，为了维持大国的虚假尊严，"送去主义"便开始粉墨登场。

"送去主义"的核心意义，无外乎一个"卖国"。失却了自大的资本之后，又渴望得到别人的认同与施舍，求得一方暂时的安宁，统治者们只能由原先的极端自负的主人，来了个一百八十度的大逆转，开始成为俯首帖耳的奴才。"送去主义"最典型的思维，体现为1901年2月14日清廷颁布的诏谕中所言的"量中华之物力，结与国之欢心"。晚清朝廷为了"不侵我主权，不割我土地"便不惜将一切都"送去"，以期求得"友邦之见谅"。要命的是，此种"送去主义"并未随了封建王朝的覆灭而退出中国的历史舞台。北洋政府甚至后来的民国政府仍旧继承了该衣钵，对西方列强一味奉行"送去"的原则。

这两种状况，显然都非国家发展的正确法则。正确的发展之道，唯有"拿来主义"。依照鲁迅先生的话来说，"拿来主义"就是"先占有再挑选"，就是"不管三七二十一，拿来"。

当然，这样的"拿来"并非没有风险，所以，实行"拿来主义"的人，必须"沉着，勇猛，有辨别，不自私"，必须知道自己要什么、哪些东西对自己有利、哪些又对自己不利，同时还要敢于付诸行动，要具备必需的辨别力，能分辨出哪些是"鱼翅"，哪些是"鸦片"，哪些是"烟枪""烟灯"和"姨太太"。这种先拿过来，再慢慢甄别的生存哲学，体现出的，正是鲁迅先生难能可贵的文化底气和开阔的文化视野。

厘清这三个概念间的行为差异，大体上可以梳理出古老中华的发展轨迹：

鸦片战争之前的两千年间，尽管朝代不断更迭，但建立在儒家"远人不服，则修文德以来之"政治主张基础上的大国，其对待所谓的四方蛮夷的态度，基本上就是"闭关主义"。"八方来朝"只为了弘扬中华文化的博大精深，只为了用汉民族文化"教化"异族，绝非为了主动吸纳。

鸦片战争之后的百年时光中，国门被炸开，科技、军事、经济以及文化均远远落后于西方，再也没有了傲视群雄的资本。于是，为了巴结讨好，便一味地"送去"，求得列强的一句夸奖。这阶段的中国，想要拥有自我而不得。

鲁迅理想中的中国，则应该是奉行"拿来"。"拿来主义"代表的，是鲁迅心目中的未来的中国。这个中国，独立而自信，既博大精深又兼容并蓄。

过去——当下——未来，三个概念的对比中，意义全出。

## 二、"抛来""抛给""送来"与"拿来""送去"

《拿来主义》中，"抛来""抛给""送来"是集中出现的三个词汇。文章中，鲁迅先生说：这种奖赏，不要误解为"抛来"的东西，这是"抛给"的，说得冠冕些，可以称之为"送来"。

为何不能将"抛给"误解为"抛来"，这两个词汇中存在着什么样的意义差别呢？从鲁迅先生呈现的语境看，"抛来"是中性词，指无意的、漫无目的的给予，施受双方基本处于平等公正的地位。这就像舞台上将眼睛蒙起来的演员，将某个奖品随心所欲地扔向台下，并不将该奖品指定了扔给谁。而"抛给"则具有明确的接受对象，带有明显的贬义色彩。它不但画出了洋主子的居高临下、盛气凌人的架势，而且画出了北洋政府以及国民政府希望得到主人"赏赐"时那种奴颜婢膝的丑态。一个"抛给"，施受双方的不公正、不平等，就异常清晰地呈现在国人面前。

至于"送来"，则更具黑色幽默的色彩。明明是盛气凌人的"抛给"，却伪饰成客客气气的"送来"的模样。似乎如此一来，主奴双方都获得了平等自由的身份。这个词，既辛辣地嘲讽了西方列强的伪善和阴险，也揭示了北洋政府以及民国政府的掩耳盗铃、自欺欺人。

"拿来"和前三者间的本质区别，在于"拿来"的主体是我们。面对别人的财富，我们理直气壮地伸过手去，"拿来再说"。这其中自然首先就增添了几分豪气、几分胆识与几分自信。"拿来"中，我们拥有自己的选择权与支配权，体现的是真正的自由民主。

鲁迅先生当然清楚"拿来"背后同样隐藏着诸多问题。对方"抛给"或

"送来"的物品中或许没有我们真正需要的东西；主动去拿来的，也不见得就都是真正的需求之物。只是，相对于只敢"送去"，或者只敢等候着对方的"抛给"或"送来"，"拿来"展示的是一个国家一个民族对自身主权的申诉，哪怕它存在各种问题，也得先倡导着去做，然后慢慢修正。

"送去"是课文的一个难点。可能很多学生会对鲁迅先生反对"送去"的主张无法理解。解读这个概念时，需将鲁迅所说的"送去"与平等原则下的文化交流区分开来，甚至要将鲁迅所举的"送一批古董到巴黎去展览""几位'大师'们捧着几张古画和新画，在欧洲各国一路的挂过去"以及"送梅兰芳博士到苏联去"三个例子与他真实想要批判的"送去主义"区分开来。梅兰芳们的行动，从他们自身而言，或许确实是建立在平等的文化交流的前提之下，但鲁迅以他们为例证材料时，却已经在他们的行为中附加了非平等交流的特殊意义，如此，他们的文化交流也就成了不对等的"送去"。其实，鲁迅并不是要反对艺术家们的学术交流，而是反对政府或者社会舆论借着这些"送去"大肆宣扬、大造舆论的荒唐行为。在鲁迅看来，这样的宣传，容易滋长一种骄矜情绪，使一些人失去正确的形势分析能力。

学习《拿来主义》必须依托上述分析，体察"抛来""抛给""送来""拿来""送去"这五个词语间蕴藏的情感差异和精神差异。

## 三、"孱头""昏蛋""废物"与"拿来主义者"

一味地"送去"，有可能在自欺之中走上卖国之路；一味地接受"送来"，则意味着对外来侵略的被动接纳。对于一个独立的国家而言，两者皆不可行，那么，唯一能做的只有"拿来"。

但"拿来"是一门高深的学问，面对"拿来"时，不同的个体会有不同的表现。于是，鲁迅在文章中又分解出三类反面形象，用作真正的"拿来主义者"的比照。

文中的"孱头"，"反对这宅子的旧主人，怕给他的东西染污了，徘徊不敢走进门"。这类人，面对外来的文化，采用的是拒绝借鉴、害怕污染、不敢选择的逃避主义态度。本质上而言，这种类型的人，只是两千多年的"闭关主义"文化的继承者，永远无法成为先进文化的代表者。

文中的"昏蛋"，面对大宅子时"勃然大怒，放一把火烧光，算是保存自己的清白"。这类人以彻底否定的态度割断历史，盲目排斥外来文化，属于典型的虚无主义者。究其实质，这类型的人依旧属于"闭关主义"思想的继承者。相比于"孱头"而言，其行为更为荒诞，也更具破坏性。20世纪五六十年代在"破四旧"口号下出现的一些过激行为，都是这类"昏蛋"的子孙们的杰作。

文中的"废物"，"原是羡慕这宅子的旧主人的，而这回接受一切，欣欣然的蹩进卧室，大吸剩下的鸦片"。这类人与"孱头"和"昏蛋"又具有本性上的差别，其本身就属于精神以及行动中的变节者。他们对外来文化以及传统文化中的糟粕全盘继承、顶礼膜拜，不辨良莠，不思进取。

这三种人，对待外来文化，要么逃避、不敢正视，要么貌似革命、实则愚昧，要么崇洋媚外、全盘接受，其共性特点是对外来文化以及传统文化价值的误读误判。这样的误读误判，显然不利于真正的成长。

拿来主义者则不同，拿来主义者对待外来文化的态度向来鲜明，强调的就是不犹豫，不畏缩，义无反顾去做，即使是敌人的东西，也不要害怕，也要向他们学习。所以，拿来主义者先是主动"占有"，然后认真"挑选"，"或使用，或存放，或毁灭"。对于有价值的便"也和朋友们像萝卜白菜一样的吃掉"，对于存在部分价值的"只送到药房里去，以供治病之用"，对于全无价值的"除了送一点进博物馆之外，其余的是大可以毁掉"。如此，物尽其用，一切皆从有利于自身健康的角度处理问题，也就能够使主人成为新主人，宅子成为新宅子，文艺成为新文艺。

学习《拿来主义》时，只有认清"孱头""昏蛋""废物"与"拿来主义者"在对待外来文化问题上的不同态度和不同方法，才能确立起对待西方外来文化以及中华传统文化的应有主张。

# 从没有无缘无故的爱恨

## ——《雷雨（节选）》中的戏剧冲突

戏剧冲突，简而言之，即指戏剧作品中所刻画的不同性格的人物之间、人物与环境之间以及人物内心各种思想情感之间的矛盾及其激化。其中，人与人、人与环境间的冲突形成于不同主体间，故而被称作外部冲突或社会性冲突，为戏剧冲突的主要形式；人物内心思想情感的冲突被称作内部冲突或个体心灵冲突。因戏剧总是以反映一定的社会生活为宗旨，所以，戏剧冲突必然要将人物置放在错综复杂的社会环境中予以表现，凡不能呈现出一定的社会生活意义的矛盾纠葛，便算不得真正意义的戏剧冲突。

戏剧作品中，戏剧冲突是情节发展的精髓，情节的发展受戏剧冲突的制约，二者紧密结合，不可分割。鉴赏戏剧作品，就是要把握戏剧冲突的相关特点，并将这冲突纳入情节的发展及人物命运的变化中深入理解，才能真正理解戏剧故事背后隐藏着的深刻社会意义，才能满足观赏者对戏剧作品的审美需要。

《雷雨（节选）》中的戏剧冲突，从人与人的冲突而言，主要体现为鲁侍萍与周朴园的情感冲突、鲁大海与周朴园的阶级冲突；从人与环境的冲突而言，主要体现为人物间的私人情感与特定社会阶层的价值观念间的矛盾；从人物内心思想情感的冲突而言，主要体现为周朴园对记忆中的"梅侍萍"的怀念和对现实中的"鲁侍萍"的无情。正是因为这些冲突的存在，周朴园、鲁侍萍、鲁大海等人物的个性才能够得到鲜活的展示，故事情节才能在环环相扣中推向高潮，深刻的主题意义才能得到完美的呈现。可以说，读懂这些冲突，是读懂《雷雨（节选）》的关键。

两个毫无关系的人之间，永远无法形成戏剧冲突。要鉴赏一出戏剧中的戏剧冲突，首先要弄清冲突双方的各自身份，弄清双方的关系，进而弄清双方与戏剧中其他人物间的相互关系，最终了解不同身份的个体间的利害冲突关系。

《雷雨（节选）》的前半部分，当周朴园未能认出眼前的鲁妈就是侍萍时，周朴园和鲁妈间暂无关系，故而也就形不成两人之间的戏剧冲突，所以，这段戏中的矛盾冲突，就全部来自侍萍的内心复杂情感。因为侍萍认出了周朴园。且看下面这个片段：

周朴园　（向鲁妈）这是太太找出来的雨衣吗？

鲁侍萍　（看着他）大概是的。

周朴园　（拿起看看）不对，不对，这都是新的。我要我的旧雨衣，你回头跟太太说。

鲁侍萍　嗯。

周朴园　（看她不走）你不知道这间房子底下人不准随便进来么？

鲁侍萍　（看着他）不知道，老爷。

周朴园　你是新来的下人？

鲁侍萍　不是的，我找我的女儿来的。

周朴园　你的女儿？

鲁侍萍　四凤是我的女儿。

周朴园　那你走错屋子了。

鲁侍萍　哦。——老爷没有事了？

周朴园　（指窗）窗户谁叫打开的？

鲁侍萍　哦。（很自然地走到窗前，关上窗户，慢慢地走向中门。）

周朴园　（看她关好窗门，忽然觉得她很奇怪）你站一站，（鲁妈停）你——你贵姓？

鲁侍萍　我姓鲁。

周朴园　姓鲁。你的口音不像北方人。

鲁侍萍　对了，我不是，我是江苏的。

周朴园　你好像有点无锡口音。

鲁侍萍　我自小就在无锡长大的。

周朴园　（沉思）无锡？嗯，无锡（忽而）你在无锡是什么时候？

鲁侍萍　光绪二十年，离现在有三十多年了。

周朴园　哦，三十年前你在无锡？

鲁侍萍　是的，三十多年前呢，那时候我记得我们还没有用洋火呢。

此段对话中，周朴园一开始是用对待一个新来的下人的态度，随后是用对待下人的母亲的态度与鲁侍萍进行交流。对待下人时，他十分威严；对待下人的母亲时，则又尽力表现出一种上等人的修养。而鲁侍萍因为认出了周朴园，其言与行便始终包含了一种暗示，希望通过这些言行而唤起周朴园的记忆。

当周朴园认出了侍萍后，两人便有了第一重关系——昔日的情人关系，因而，两人间的第一次戏剧冲突也就形成——

周朴园　（徐徐立起）哦，你，你，你是——

鲁侍萍　我是从前伺候过老爷的下人。

周朴园　哦，侍萍！（低声）怎么，是你？

鲁侍萍　你自然想不到，侍萍的相貌有一天也会老得连你都不认识了。

周朴园　你——侍萍？（不觉地望望柜上的相片，又望鲁妈。）

鲁侍萍　朴园，你找侍萍么？侍萍在这儿。

周朴园　（忽然严厉地）你来干什么？

鲁侍萍　不是我要来的。

周朴园　谁指使你来的？

鲁侍萍　（悲愤）命！不公平的命指使我来的。

周朴园　（冷冷地）三十年的工夫你还是找到这儿来了。

这一段对话中，周朴园的情感发生了三次变化。先是认出侍萍后的短暂惊愕与迷茫，接着是失望与不愿相信，最后是勃然大怒、厉声呵斥。此处的矛盾冲突中，周朴园的复杂个性得到了较大程度的展示。

随着剧情的发展，在周朴园和侍萍之间，又掺杂进了四凤、鲁贵这两个人物，于是我们可以发现，原本相对简单的情感冲突，便又加入了主仆间的利益冲突于其中。及至再牵连出鲁大海、繁漪、周萍、周冲等一干人，则每多出现一位人物，戏剧冲突也就愈加尖锐激烈，矛盾也就愈加多元化，情节也便得到了进一步的发展。试想，如果四凤与周萍不是兄妹、繁漪和周萍不是继母与继子、周朴园与鲁大海不是父子，又如何会有最后的一系列悲剧的发生。

非但《雷雨》如此，几乎所有的戏剧，都特别注意人物间盘根错节的关系。可以这样说，人物关系越复杂的戏剧，其戏剧冲突也就必然越激烈，给观众带来的视觉冲击力也就越强烈。反之，人物关系过于简单，戏剧冲突也就简单。

二

戏剧中人物的活动，离不开特定的社会环境。很多时候，戏剧中的人物的命运沉浮及由此而引发的戏剧冲突，正是特定社会生活作用于个体人物的必然。

《雷雨（节选）》的戏剧冲突也同样受社会环境的影响，这一点主要表现为周朴园和鲁大海的劳资冲突。正是因为声势浩大的罢工运动，才将鲁大海由煤矿而拉进了周公馆，从而引发了这对父子间的尖锐对立，也才引出了周萍打鲁大海、侍萍质问周萍、周朴园责令周萍认母等一系列故事。且看下面这个片段：

周朴园　（走至中门）来人！（仆人由中门进）谁在吵？

仆　人　就是那个工人鲁大海！他不讲理，非见老爷不可。

周朴园　哦。（沉吟）那你叫他进来吧。等一等，叫人到楼上请大少爷
　　　　下楼，我有话问他。

仆　人　是，老爷。

〔仆人由中门下。〕

周朴园　（向鲁妈）侍萍，你不要太固执。这一点钱你不收下，将来你
　　　　会后悔的。

鲁侍萍　（望着他，一句话也不说。）

〔仆人领着大海进，大海站在左边，三四仆人立一旁。〕

鲁大海　（见鲁妈）妈，您还在这儿？

周朴园　（打量鲁大海）你叫什么名字？

鲁大海　（大笑）董事长，您不要向我摆架子，您难道不知道我是谁么？

周朴园　你？我只知道你是罢工闹得最凶的工人代表。

鲁大海　对了，一点儿也不错，所以才来拜望拜望您。

周朴园　你有什么事吧？

鲁大海　董事长当然知道我是为什么来的。

周朴园　（摇头）我不知道。

鲁大海　我们老远从矿上来，今天我又在您府上大门房里从早上六点钟
　　　　一直等到现在，我就是要问问董事长，对于我们工人的条件，
　　　　究竟是允许不允许？

周朴园　哦，那么——那么，那三个代表呢？

鲁大海　我跟你说吧，他们现在正在联络旁的工会呢。

周朴园　哦，——他们没有告诉你旁的事情么？

这一段文字韵味十足，如果暂时把周朴园与鲁大海间的阶级对立放在一边，可以从中读出一个已经知晓了闹事者是自己的亲身儿子的父亲，对一个不成熟的工人领袖的儿子的戏弄。此时的周朴园就像《西游记》中的如来佛，已经将一切都操控在手中，便以一种调侃的态度故意逗弄儿子，让他像孙悟空那样去"腾云驾雾"。

然而，当鲁大海出于义愤而揭穿其血腥发家史时，周朴园心中的父子情感便立刻烟消云散，完全恢复成资本家对领头闹事的工人的情感。

此外，《雷雨》中繁漪的叛逆个性，也无法摆脱五四新文化运动的痕迹。

只有了解新文化运动的社会背景，才能很好理解繁漪的反叛以及由此反叛而引发的各种冲突。

利用人与社会环境间的矛盾而展示人物命运、揭示社会生活，在其他戏剧作品中也广泛存在。比如老舍先生的话剧《茶馆》中，几十位出场人物间纷繁复杂的各种矛盾冲突，归结起来无一能够摆脱动乱的时代对人的灵魂的摧残与扭曲的影响。如果观众不了解清末、军阀混战时期和解放前夕北平的社会环境，便无法明白其中的戏剧冲突。

## 三

无论是何种性质的戏剧冲突，归根结底，都还是人的冲突，是人的性格、经历、爱好以及思想情感间的冲突。所以，把握戏剧冲突，最重要的环节，还是对戏剧中的人物，尤其是主要角色的个性情感的体察。

《雷雨（节选）》中，周朴园为何在认出侍萍后情感上出现那么大的反差呢？这一处戏剧冲突的关键，正在于周朴园的性格与情感。周朴园在 30 年的尔虞我诈的争夺中，一方面早已养成了冷漠、自私的个性，另一方面又始终渴望拥有一份情感的温暖。只是，他的渴望无法从叛逆的繁漪身上获取，也无法从周萍、周冲两个儿子身上获取，更无法从下人或者其他人身上获取，便只能从青年时代的生活中寻觅。而这存在于记忆中的温暖，经由无数个残酷的现实的映衬，愈发被记忆或者主观情感加工美化，成为了超越当初现实的虚幻景象。由于这景象的存在，他的灵魂便终究留存了一点最后的柔软。

侍萍的出现，使他一下子从过去的怀念回到现实的利害关系中来了。更重要的是，所有的美好全部被打碎，最后的柔软也被失望的沙漠彻底遮盖。于是，他近乎歇斯底里地说出"你来干什么""谁指使你来的"这样的话，并在最后想到用一张支票来结束 30 年来的灵魂折磨。

在这场戏中，鲁侍萍的情感冲突同样具有极强的戏剧效果。

鲁侍萍对周朴园的情感，最初也是建立在迷惘、困顿的基础之上。当她在周公馆中看到 30 年的那些旧家具，尤其是看到那紧闭的窗、那补成一朵梅花的旧雨衣时，她应该是坚信周朴园还深深爱着的，故而，她不是立刻离开周公馆，而是留下来等着见到周朴园。在周朴园没有认出她时，她又利用语言和行动不断暗示周朴园。那一段时间内的鲁侍萍，显然是忘却了现实，回到了30年前的青春记忆中。

但情节的发展明显超出了她的预期。当周朴园用厉声喝问惊醒了她的梦幻之后，她便回到了现实，开始正视与周朴园间的关系。只是，她又陷入另一种情感的纠葛中，那就是她对自己的大儿子的思念。这份思念转换成她应对周萍时的态度，便又为《雷雨（节选）》增添了一份新的矛盾冲突。

以人物的个性情感中的冲突为观察点，有利于跳出阶级、阶层以及身份带来的认知标签，将人物放到人性的大背景中进行品读鉴赏。比如，莎士比亚的悲剧《哈姆雷特》中的所有戏剧冲突，就完全是由哈姆雷特自身的软弱个性所引发。俗话说，什么样的人，做什么样的事。在戏剧文学中，把握住人物的个性情感，也就能够依照这样的个性，读懂故事发展中的矛盾冲突。

当然，研究人物个性情感带来的矛盾冲突，不能把人物从特定社会环境中剥离出去。来自个性的矛盾冲突，有时也附着了厚重的社会冲突元素。

## 四

世上没有无缘无故的爱恨，同样，戏剧文学中，也没有无缘无故的矛盾冲突。戏剧冲突设计的最终目的，无外乎是借助这样的冲突，将剧作者对生活的理解传达给观众。所以，领会作品的主题意义，对把握戏剧冲突同样很重要。

《雷雨》要表现的主题，是呼唤一场变革社会的大雷雨。在这场希望中的大雷雨到来之前，生活于各种欲念中的芸芸众生，或是挣扎于人性本身的矛盾之中，或是挣扎于人性与社会道德秩序以及理性法则之间的冲突之中，全方位上演着旧道德、旧伦理的闹剧。这样的闹剧，最终只能以毁灭而宣告结束。只是，《雷雨》毁灭的大多是美好，以"将有价值的东西撕碎了示人"。

如何才能让观众接受《雷雨》中的变革主张呢？唯一的方法就是将这社会的种种不合理处展现出来，让人们看到它的非人性。正是这样的创作目的，才催生出一个接一个的矛盾冲突，才在矛盾冲突中一步步将反伦理的、非人性的毒疮捣烂了给读者看。一旦脱离了这样的创作意图，那么，所有的冲突也就成了关公战秦琼般的闹剧。

当然，对《雷雨（节选）》的主题意义的领会不会凭空而来，只能建立在对情节的掌握和冲突的本性把握中。可以说，只有真正走进作品，才能领会到作品的主题意义，也才能用这领会，反过来推进对戏剧冲突的理解。这是一个互为推动、相辅相成的过程。

学习《雷雨（节选）》，就是要学会这样思考，学会这样鉴赏。

# 每一道斑纹，都有存在的理由

## ——周晓枫散文《斑纹》赏析与解读

对于绝大多数习惯于阅读《读者》《意林》等时尚文摘刊物的读者而言，阅读周晓枫的散文，其实是一件很痛苦的事情。这种痛苦，一方面来自周晓枫那天马行空的文笔。这位特立独行的女作家，总是在我们意想不到的地方，用意想不到的表述方式，表达出我们意想不到的意义与价值。这种超越了我们的习惯思维模式的言语模式，不但带来了阅读上的障碍，使我们置身在文字的海洋中晕头转向，而且摧毁着我们在既往漫长学习过程中积累下的种种关于语言文字的知识壁垒，迫使着我们必须在她所布设的奇幻城堡中辗转腾挪，直至精疲力竭。

另一方面的痛苦，来自周晓枫文字背后的深邃意义。周晓枫的散文，特别善于捕捉内心深处潜藏的真情实感，并将它们过分铺张地呈现在文字之中。这种真情实感，没有任何伪饰，许多成分，尚且与盘踞在民族心灵中的传统道德相抵触相违背。有人评价说她的文字绝少烟火气，着了魔道，有些妖风。这种感觉，果真奇特而准确。

面对这样的阅读，我们当然可以选择逃避。我们可以用一种惹不起但躲得起的心态，远远绕过周晓枫的城堡，然后，走到我们所喜欢的草坪上，打开心灵鸡汤类的短小文字，去获取写手们编纂的廉价的感动。然而，那样的阅读，永远不能让我们成长。成长，其实就是一种痛楚。在这份痛楚中，我们才有机会领略生命的价值与意义。

其实，所有的生命存在，都无法规避他与生俱来的价值与意义。天生万物，从物种形成之初那一刻起，无论是形式，还是内容，便都只成为这个星球上独特的"这一个"。人类如此，动植物如此，作者笔下的文章，同样如此。

《斑纹》就是周晓枫为我们创造的"这一个"。这篇被纳入苏教版高中语文教材必修五"奇异的自然"主题单元的散文，就如一头闯进了鹿群中的雄狮，在说明文占据主流地位的阵营中，搅动起了散文的理性与思辨的漩涡。

作为课文的《斑纹》，是节选。或许是为了更适应编织说明性文字的需要，编者将原作中大量的抒情议论成分进行了砍削，留下的部分中，文艺性说明文的色彩，比原作浓烈了许多。但尽管如此，只要仔细阅读，用心品味，我们依旧可以透过客观介绍的文字，解读出属于生命、属于自然的另一种意义。

节选组合后的《斑纹》，在结构上可以分解为三个部分。

文章的前5个段落，表层意义上，以介绍蛇的斑纹、蛇的习性、蛇的相关文化为主体。就课文节选的这14个段落来看，这个部分有以点带面、领起全篇的作用。

从深层内涵看，这部分所描绘的蛇，实际上是一个与我们人类具有同等的存在价值的生命群类。尽管在现实生活中，或者是大众的审美情感中，蛇，始终都是一个阴鸷、凶险、让人见之毛骨悚然、避之唯恐不及的形象。然而这种形象的形成与定性，是人类依托自身单方面的利益，站在万物必须为人类所用的角度而得出的。这样的阐释，过多体现的是种群的不平等性和人类的霸道性，是违背万物平等的大生存哲学的。或许正是基于这样的理解，周晓枫笔下的蛇，也就成了可憎而又可悲、恶毒而又诡秘、既是受害者又是害人者的复杂灵魂。蛇没有四肢，没有声带，没有听力，没有良好的视力，似乎是自然界里十分不幸的"残疾人"。然而，这令人产生怜悯和同情的"残疾人"，却有着十分凶猛的攻击力与杀伤力，它的"毒牙是空心的，就像一支快速注射的针头，毒液传送到齿尖，可以让一个大动物几分钟之内昏迷"。它没有腿和脚，"匍匐在地，很容易被人们平视习惯所忽略"，"而使攻击目标毫不察觉"；它轻松地钻进别人的巢穴，把别人的家洗劫一空。这种弱者与强者的身份的和谐统一，不是也正体现出生命存在的一种形式吗？

任何生命的存在，都有其存在的理由。蛇，无论给我们人类带来了多少恐怖、多少死亡，它的习性，都不会因为我们人类的喜好与憎恶而改变。作为生命，它有它的生存法则，有它适应这个世界的招数与技能。

第6—10段，构成课文的第二部分。这一部分由蛇而到蟒皮，进而引出襄蚰、鲑鱼、螺丝、瓢虫、鹰隼、长颈鹿、斑马、虎、豹、梅花鹿、奶牛、蜂等其他具备斑纹的各类动物。从表面内容看，这一部分文字，属于承继上文关于蛇这个"点"的介绍之后的"面"的介绍。可以理解为从"面"的角度来印证斑纹的纷繁复杂性。而从生命价值与意义的层面看，则是着重展现万千世界中各种生物的生存技巧，彰显出生命体在自然这个冷酷、残忍的主宰者面前所呈现出的全部智慧和力量。

这几个自然段落中，对于生命、生存等内容的描绘，几乎俯拾皆是。如"肉食者的眼睛处于同一平面"，而"素食者的眼睛长在头部的两侧"，原因是，前者"为了聚焦瞄准猎物"，后者"为了视野开阔便于及早发现天敌并在奔逃时选取路线"。再如，某些动物为了生存，使用了拟态色或警戒色。把自己伪装成枯叶、竹节或花朵，甚至伪造上面的破损和虫斑，无毒昆虫狐假虎威地模仿起有毒昆虫的黄黑斑纹。这些都令人不能不慨叹万千。

阅读这一部分的文字，我竟然忽略了作为文章题目的"斑纹"，而是将我的思维，锁定在了从其他文章中了解的"食物链"上。记得以前初中课本上有一篇文章，以"青草—羊—老虎—细菌—青草"为例，阐释了世界万物之间既互为敌人又互相依存的科学道理。文章说，食物链上的任何一个环节，都是一种生命的绝对存在，都是构成这个缤纷多彩的世界的重要元素。缺少了其中的任何一环，世界，就将为此而毁灭。

在周晓枫的《斑纹》中，这个食物链似乎有了更宽泛的解释。它不但适应于自然界，而且适用于自以为老子天下第一的人类社会。周晓枫冷峻地质疑鹿群表面的柔顺与美丽背后隐含的鲜血与死亡，并由鹿与虎的习性介绍，拓展到素食主义者与肉食主意者的生存规则界定。周晓枫说："世界旷大，它（鹿群）的栅栏由猎食者的目光围就。嗜血的胃总比啃草的牙享有更快和更愉快的消化。所谓素食主义者的自由，不过是肉食主义者暂不征用的几枚小钱。道德从来不能败坏后者的食欲，尊严也不曾给前者裸露的脖颈以适当的遮护。"这段文字，哪里是在说鹿群与虎，分明就是将人类社会光鲜的道德外衣下等级分明、弱肉强食的残酷现实，捅了一个无情的窟窿。透过这样的窟窿，我们可以读出一个极具人文思想的女性作者，对自由、平等、生命的深切关注与理性思考。

第11—14段，构成课文的第三部分。这是在第二部分基础上的进一步拓展。周晓枫的视野，从具体可感的各种动物，推延到了植物、大地、人类的劳动、宇宙，直至我们人类的内心世界。这种由具体而走向抽象的文章格局，在进一步扩充斑纹的内涵的同时，也引领着文章走入了作者真正希望表达的文本主题意义范畴。周晓枫说："因为距离的遥远，在神眼里，我们，不过是一些斑点。"倘若我们可以斗胆犯上，是否也可以说成"因为距离的遥远，在我们的眼里，神，不过是一些斑点"。我想，这样的改动，周晓枫是应该同意的。毕竟，神，也不过大自然中的一份客观存在（如果果真有神的话），而只要是存在，就具备了斑纹的意义，就不过是一些斑纹。而斑纹中，就注定了蕴藏着壮丽的生和寂静的死，浸透着绚丽、壮观和诗意的内容。

《斑纹》除却细腻而精深的思想内涵外，在写法上也具有独特的艺术魅力。《斑纹》的组织结构形式，很有点北方人串糖葫芦的招式。蛇的介绍，是周晓枫的第一个糖球。以此为基础，诸如蓑鲉、鲑鱼、螺丝、瓢虫等的概括介绍，虎、豹、梅花鹿等的细腻描述，都成为糖球串上大大小小的糖球儿。更要命的是，最后部分中，这糖球串儿，竟然将抽象的内心世界与无限浩瀚的宇宙空间，一起贯串于这一糖葫芦中。每一个读者，手持了这样一份超级大糖球，内心中能够感受到的，除了充实外，恐怕多多少少也无法摆脱一种难以下口的尴尬。

当然，《斑纹》在思想性与艺术性两方面，也并非完美无缺。首先，作品中的意象过于繁杂，使一些本该更好展开的内容，被挤缩成了干瘪的名词。其次，作品的语言流动性过强，意义的捕捉存在着一定的随意性，削弱了人性与情感内涵。这两点，也制约着作品与读者间更好地亲近。

# 爱，就是灵魂的倾诉
## ——《罗密欧与朱丽叶（节选）》抒情方式赏析

苏教版高中语文教材在选录《罗密欧与朱丽叶》的片段场景时，舍弃了人教版选用的第五幕第三场的内容，代之以第二幕第二场。此种取舍，一方面是基于特定主题单元对具体教学内容的独特需求，另一方面也是基于学生的特定生理年龄与情感发展的需要。两种选文中，人教版所选内容为全剧的高潮和结局，主要呈现男女主人公双双殉情的悲惨结局；苏教版所选内容为剧情的发展阶段，主要写男女主人公想方设法冲破各种阻碍追求心中最美好的爱情。人教版课文的主题过于沉重，苏教版课文的主题灵动有趣。

除了剧情本身的差异，两个场景在言辞表达上也存在较大的区别。其中，苏教版所选的第二幕第二场，历来被学界公认为描写少男少女爱情的经典。撇开描写罗密欧与朱丽叶幽会情景的"阳台戏"这一经典戏剧场景不谈，单是人物对话中的诗化的语言、行云流水般的韵律、内涵丰厚的修辞以及或是大胆直露或是委婉含蓄的抒情方式，都无一不彰显出极具个性的艺术力量。可以说，苏教版教材节选的《罗密欧与朱丽叶》第二幕第二场展示出的独特的抒情方式，完全有资格充当莎士比亚戏剧创作中的抒情代言者。

苏教版教材中的《罗密欧与朱丽叶（节选）》，在抒情方式上主要体现为下述四方面的特征。

## 一、在夸张、比喻与对比中倾吐心中的爱慕

《罗密欧与朱丽叶（节选）》中，罗密欧与朱丽叶各有一段长长的独白。这两段文字，以东方人永远不会采用的言说方式，将心中的情感毫无保留地

宣泄而出，既唯美浪漫，又诗意典雅。

先看罗密欧的独白——

开篇处的"那边窗子里亮起来的是什么光？那就是东方，朱丽叶就是太阳！起来吧，美丽的太阳！赶走那妒忌的月亮，她因为她的女弟子比她美得多，已经气得面色惨白了"，以太阳这个喻体，来映衬朱丽叶的光华艳丽，将朱丽叶在罗密欧心目中的重要地位一览无余地表达出来。句中的"月亮"这一真实的景象，被罗密欧附加上了"妒忌"的人格化情感，并用其"气得面色惨白"与朱丽叶的光芒万丈形成对比。这段文字，先是将人比作物，后是将物比作人，在人与物的错杂中，表现出罗密欧对朱丽叶的无尽爱恋。

随后，罗密欧又分别用"天上两颗最灿烂的星""脸上的光辉会掩盖了星星的明亮，正像灯光在朝阳下黯然失色一样"等词句，极力讴歌朱丽叶的眼睛和面貌，把意中人全力塑造成人世间绝美的精品。这种描绘，且不论是否出于"情人眼里出西施"的个性化审美体验，单是个中蕴藏着的浓浓爱意，也足以使每一个读者感受到蓬勃的爱情力量。

类似这类借助修辞赞美朱丽叶的语句，在节选部分中还有很多，比如"我在这夜色之中仰视着你，就像一个尘世的凡人，张大了出神的眼睛，瞻望着一个生着翅膀的天使，驾着白云缓缓地驰过了天空一样"。"天使"这一喻体的出现，不但表现出朱丽叶的美丽，而且暗示了她的善良。

再看朱丽叶的独白——

"我真想遵守礼法，否认已经说过的言语，可是这些虚文俗礼，现在只好一切置之不顾了！"两种行为的对比中，表达出的是对爱的不管不顾的追求。

"我也一定会相信你的话；可是也许你起的誓只是一个谎。"两种矛盾心理的对比中，表现出对爱的忧虑。

这段独白之外，朱丽叶赞美罗密欧的其他话语中，也大量充彻类似的词句。如"我就好比一个淘气的女孩子，像放松一个囚犯似的让她心爱的鸟儿暂时跳出她的掌心，又用一根丝线把它拉了回来，爱的私心使她不愿意给它自由"，就采用了类比与比喻相结合的手法，写出了朱丽叶对罗密欧难舍难分的情感。

这类抒情语句，由于修辞格的生动形象，使原本抽象的情感具体化、生动化、形象化，这就使罗密欧与朱丽叶这对青年男女间的情感表达，在相互倾诉中增加了诗情画意的美，使文字具有了诗意色彩。

## 二、借助丰富的联想想象表情达意

恋爱中的男女，原本就过于感性。当罗密欧遭遇了阳台上的朱丽叶之后，罗密欧的心就跳出了自己的胸腔，完全飞到了朱丽叶身上。于是，我们可以在作品中看到，罗密欧眼中的朱丽叶，已然全部摆脱了尘俗女孩的所有不足，俨然成为完美无瑕的女神。罗密欧由朱丽叶的美丽而联想到太阳，再由太阳而联想到月亮，进而想象月亮因为朱丽叶的美丽超过了自己而心生嫉妒。这样的联想想象，完全建立在自我美化的基础上，联想越丰富，想象越神奇，也就越是能够表达出心灵深处对钟爱女孩的仰慕。

朱丽叶的独白中，同样存在着联想想象。比如关于姓名的思考中，由姓名而联想到手、脚、手臂、脸，进而联想到玫瑰花，联想到给玫瑰花更换姓名。这段联想想象，在相对理性中，传达出愿意为爱抛弃一切的决心。

联想与想象，剥离了具体生命中客观存在的各种缺陷，然后用主观情感对所爱之人进行不断包装，使其最终抵达完美。于是，最寻常的交谈，也始终绽放出最美好的诗意。比如下面这段对话：

> 罗密欧　姑娘，凭着这一轮皎洁的月亮，它的银光涂染着这些果树的梢端，我发誓——
>
> 朱丽叶　啊！不要指着月亮起誓，它是变化无常的，每个月都有盈亏圆缺；你要是指着它起誓，也许你的爱情也会像它一样无常。
>
> 罗密欧　那么我指着什么起誓呢？
>
> 朱丽叶　不用起誓吧；或者要是你愿意的话，就凭着你优美的自身起誓，那是我所崇拜的偶像，我一定会相信你的。
>
> 罗密欧　要是我的出自深心的爱情——
>
> 朱丽叶　好，别起誓啦。我虽然喜欢你，却不喜欢今天晚上的密约；它太仓促、太轻率、太出人意料了，正像一闪电光，等不及人家

开一声口，已经消隐了下去。好人，再会吧！这一朵爱的蓓蕾，靠着夏天的暖风的吹拂，也许会在我们下次相见的时候，开出鲜艳的花来。

这段对话中，罗密欧的发誓本是真情的自然流露，然而，朱丽叶却由月亮联想到了盈亏圆缺，进而想象爱情会像月亮一样无常。这样的联想想象，与其说是表达爱的担忧，不如说是对爱的久长的祈愿。

此处朱丽叶"不喜欢今天晚上的密约"在情感表达上也特别精巧。为什么不喜欢呢？朱丽叶先说了几个理由，但跟着却运用比喻，将"不喜欢"和"一闪电光"联系在一起，这便将"不喜欢"立刻翻出了新意。随后联想到的"爱的蓓蕾"在下次相见时"开出鲜艳的花"，更是为"不喜欢"作了更为丰厚的意义阐释。不喜欢，原来恰恰是因为太喜欢。

## 三、直抒胸臆中表达淋漓的情意

节选部分的对白中，除却运用修辞或借助联想想象表达情意外，莎士比亚也采用了直抒胸臆的手法。此种手法，以直截了当的情感表达，传达出紧张焦虑的情感。比如下面这段对话：

朱丽叶　告诉我，你怎么会到这儿来？为什么到这儿来？花园的墙这么高，是不容易爬上来的；要是我家里人瞧见你在这儿，他们一定不让你活命。

罗密欧　我借着爱的轻翼飞过园墙，因为砖石的墙垣是不能把爱情阻隔的；爱情的力量所能够做到的事，它都会冒险尝试，所以我不怕你家里人的干涉。

朱丽叶　要是他们瞧见了你，一定会把你杀死的。

罗密欧　唉！你的眼睛比他们二十柄刀剑还厉害；只要你用温柔的眼光看着我，他们就不能伤害我的身体。

朱丽叶　我怎么也不愿让他们瞧见你在这儿。

罗密欧　朦胧的夜色可以替我遮过他们的眼睛。只要你爱我，就让他们瞧见我吧；与其因为得不到你的爱情而在这世上挨命，还不如在仇人的刀剑下丧生。

朱丽叶　谁叫你找到这儿来的？

罗密欧　爱情怂恿我探听出这一个地方；它替我出主意，我借给它眼睛。我不会操舟驾舵，可是倘使你在辽远辽远的海滨，我也会冒着风波寻访你这颗珍宝。

这是一段十分有趣的对话。朱丽叶说出的每一句话，都是生活中的常态化表达，呈现的是清醒状态下的正常思维与正常话语；罗密欧说出的每一句话，却都是超越了生活话语的诗化语言，呈现的是沉醉于爱的幻境中的非常态思维和非常态话语。两种语言，一俗一雅，巧妙连接，既写出了朱丽叶内心的关切与担忧，理性与焦虑，又写出了罗密欧对爱情的痴迷与沉醉，感性与浪漫。透过这些语言，可以很好地体察罗密欧与朱丽叶两人间炽烈的情感波澜。

朱丽叶是否不善于表达富有诗意的话语呢？答案是否定的。请看下面这段文字：

为了表示我的慷慨，我要把它重新给你。可是我只愿意要我已有的东西；我的慷慨像海一样浩淼，我的爱情也像海一样深沉；我给你的越多，我自己也越是富有，因为这两者都是没有穷尽的。

很显然，当朱丽叶同样沉醉到爱的表达之中时，她的直抒胸臆中，也富有诗意和哲理。

## 四、利用人物行动侧面揭示内心情感

内心独白和深情对话之外，在《罗密欧与朱丽叶（节选）》中用来表达情感的方法，还有人物的行动。

课文中，能够表达罗密欧对朱丽叶的爱的行动，最直接的表现就是翻越高高的园墙、冒着被捉住杀头的危险也要来见朱丽叶。而能够表达出朱丽叶对罗密欧的难舍难分的情感的行动，则是后部分的三次去而复返的细节：

第一次离开时，她特意叮嘱罗密欧"亲爱的蒙太古，愿你不要负心。再等一会儿，我就会回来"。

第一次回来时，她强调"亲爱的罗密欧，再说三句话，我们真的要再会了。要是你的爱情的确是光明正大，你的目的是在于婚姻，那么明天我会叫一个人到你的地方来，请你叫他带一个信给我，告诉我你愿意在什么地方、什么时候举行婚礼；我就会把我的整个命运交托给你，把你当作我的主人，跟随你到天涯海角"。

第二次离开时，她强调"你要是没有诚意，那么我请求你，停止你的求爱，让我一个人独自伤心吧"。

第三次离开时，朱丽叶更是千叮咛万嘱咐，似乎永远也说不完想说的话。

这处细节，以特定情境下的特定动作行为，把朱丽叶对罗密欧的担忧、对情感的渴望等复杂感情全部包容其中，透过这样的行动，即使没有任何言语，我们也能感受到朱丽叶心中浓郁的爱。

正是借助作品中这四种抒情方式，罗密欧与朱丽叶间荡气回肠的爱情，才得以渗透进所有读者的心灵。爱，需要表达。爱的表达，就是灵魂的倾诉。恰当的倾诉方式，不但可以见证纯真的爱，更可以催生出更加艳丽的爱情花朵。

# 后　记

很难得地遭逢一个不用补课的完整寒假，想着不能虚度了它，总得给它找点儿事，便动了写作本书的念头。说是写作，其实很多文字数年前便已完成，真正在这个寒假中创作的，只有四万余字。

2019 年的这个寒假，雨雪和寒冷都是记忆中最多最长的，好在能够沉浸到文字中，日子也就有了不一样的光芒。

在写作相关课文的品读文字时，查阅了远超书稿字数十倍甚至百倍的资料。在比较与分析中，所有的文字都像一座江南私家园林，在一步一景中将我带入无限的美好之境。写作的过程，成了自主学习的过程，也成了修正认知错误、进一步从"人"的立场出发品读文本的过程。

写作的缝隙中，抽空做了三件有点儿价值的事：一件事是应邀面向全国教师作了一个网络直播讲座，谈教师的专业写作；另一件事是面向全国各地的名师工作室征集同盟者，组建名师工作室发展联盟；再一件事是返回老家过春节。三件事都顺利完成。借助于前两件事，还结识了数百位热爱学习、渴望专业发展的教师。

返回老家过春节时，我在微信公众号"语文三度时空"中发布了两篇杂感。对于灵魂的漂泊者而言，返乡的价值更多在于寻找一种曾经的存在。只是，逝去的终是逝去，故乡永远只能存在于美好的回忆之中，而无法和现实中的土地、家园以及人物完成影像叠加。于是便想，唯一能够不变的，或许只有文字。

大年初三那天，三位老友重聚。40 年前，三人同入高中，开启终生不渝的友情之门。这 40 年中，时代以令人炫目的方式旋转着向前。三人中的一位，成了名满中华的大牌律师；另两位——我与张兄万松——都还挣扎在疯狂应试的教育浊流之中。我们没打麻将，没喝酒，而是一起攀爬了附近的一座荒丘，又到荒丘之下的水库大坝上喝了一会儿寒冷的西北风。随后，大律师诗兴大发，一连创作数首古体诗歌，刻意撩拨另一位未能参加聚会的兄弟。万松老师也跟着写了几首诗歌应和。网络那端的那位做着厅官的兄弟终于忍无可忍，也是一连发来三首诗歌。那一刻，我想到了38年前，我、万松和厅官兄弟三人挤在一张课桌上，绞尽脑汁给在远方的大律师写信的场景。那封信，漫画与诗歌一同上阵；那时，我们都是同样的身份。

生活也是一篇需要解读的课文啊，倘若不用心去体味，不在世事沧桑中努力寻找开启思维之门的密码，很多东西就会逐步淡出灵魂。解读，不是为了颠覆印象，不是为了宣扬主张，或者炫耀才学，而是为了寻觅来处的印痕，留住去时的证据。

我在阅读网络上能够找到的所有关于诗人海子的各类信息时，总喜欢把自己放到那些文字的时代背景中。出生于1964年春天的海子，仅比出生于同年冬天的我早了九个月来到这个世界。我们这一代人，童年时代遭遇过饥荒、经历了"文革"，青年时代幸逢了最具理想主义色彩的80年代前几个年头，随后又赶上了经济的腾飞、灵魂的迷失、文化的断裂，但我们终究不愿意娱乐至死，不愿意沉溺到信息文明营造出的奢华而又浮躁的表象之中。我们喜好古典的文字，偏好传统的经典，就算是阅读一篇简短的课文，也希望从字里行间感受到灵魂的高贵与生命的尊严。

或许正是基于这满脑袋的不与时俱进，我对中学语文教科书中诸多课文的理解，往往只能停留在立足于常识的人情人性之中。我所能够理解的思想、情感与品质，不以当下流行的"一次元""二次元"思维为载体，也不以"抖音""脸书"为外显形态。我习惯于在年代久远的文字中缓缓而行，嗅着略带霉味的墨香，感受一份"丁香一样结着愁怨"的情思。

谨以此书献给所有我爱以及爱我的人！

**图书在版编目（CIP）数据**

经典文本解读与教学密码 / 刘祥著 . —上海：华东师范大学出版社，2020
ISBN 978‑7‑5760‑0200‑3

Ⅰ.①经 … Ⅱ.①刘 … Ⅲ.①语文教学—教学研究 Ⅳ.① H19

中国版本图书馆 CIP 数据核字（2020）第 042241 号

大夏书系·语文之道

# 经典文本解读与教学密码

| | |
|---|---|
| **著 者** | 刘 祥 |
| **策划编辑** | 卢风保 |
| **责任编辑** | 万丽丽 |
| **责任校对** | 殷艳红 杨 坤 |
| **封面设计** | 百丰艺术 |

| | |
|---|---|
| **出版发行** | 华东师范大学出版社 |
| **社 址** | 上海市中山北路 3663 号　邮编　200062 |
| **网 址** | www.ecnupress.com.cn |
| **电 话** | 021‑60821666　行政传真　021‑62572105 |
| **客服电话** | 021‑62865537 |
| **邮购电话** | 021‑62869887　地址　上海市中山北路 3663 号华东师范大学校内先锋路口 |
| **网 店** | http：//hdsdcbs.tmall.com |

| | |
|---|---|
| **印 刷 者** | 北京季蜂印刷有限公司 |
| **开 本** | 700×1000　16 开 |
| **插 页** | 1 |
| **印 张** | 12.5 |
| **字 数** | 191 千字 |
| **版 次** | 2020 年 7 月第一版 |
| **印 次** | 2020 年 7 月第一次 |
| **印 数** | 6 100 |
| **书 号** | ISBN 978‑7‑5760‑0200‑3 |
| **定 价** | 42.00 元 |

| | |
|---|---|
| **出 版 人** | 王 焰 |

（如发现本版图书有印订质量问题，请寄回本社市场部调换或电话 021-62865537 联系）